PULL-APART-BREADS

HINWEIS

Die Backofentemperaturen in diesem Buch beziehen sich auf einen Elektroherd mit Ober- und Unterhitze. Falls Sie mit Umluft arbeiten, reduziert sich die Temperatur um 20 °C.

ABKÜRZUNGEN

ca. = zirka
cl = Zentiliter
cm = Zentimeter
El = Esslöffel
FP = Fertigprodukt
g = Gramm
kcal = Kilokalorien
kg = Kilogramm
kJ = Kilojoule
l = Liter
Min. = Minuten
ml = Milliliter
P = Päckchen
Std. = Stunde
TK = Tiefkühlprodukt
Tl = Teelöffel
Ø = Durchmesser

FOODFOTOS

TLC Fotostudio

HOLZFONDS

Fotolia.com: © vulcanus (Seiten 18/19, 24/25, 32/33, 48/49, 57, 65, 70, 88, 99 und 104/105), © Thaut Images (Seiten 12/13, 20/21, 30/31, 38/39, 46/47, 52/53, 59, 68, 76, 82/83, 87, 90/91, 96/97, 100/101 und 108/109), © Sergiy Bykhunenko (Seiten 6/7 und 8/9), © flas 100 (Seiten 1, 14/15, 26/27, 28/29, 34/35, 42/43, 60, 66, 74, 80, 92 und106), © homydesign (Seiten 2/3, 4/5, 10/11, 16/17, 22/23, 36/37, 44/45, 50/51, 54, 62, 73, 78, 84/85, 94/95, 102/103, 110/111 und 112)

EINLEITUNG UND REZEPTE

Nina Engels

Zupfbrote – süß & herzhaft

PULL-APART-BREADS

INHALT

Einleitung 6

Pull-apart-Breads 10

Blitzbrote 54

Süße Pull-apart-Breads 78

Rezeptverzeichnis 110

ZUPFBROT – DAS IST GENIESSEN AUF DIE NEUE ART

Zupfbrot – süß oder herzhaft – ist *der* neue Trend auf Partys, zum Grillen oder einfach zwischendurch. Dabei kann man gar nicht von DEM Zupfbrot sprechen, denn es gibt zwei grundsätzlich verschiedene Arten:

1. PULL-APART-BREAD, MONKEY BREAD, FALTENBROT & CO.:

Die Formen sind vielfältig, beim Teig handelt es sich aber immer um selbst zubereiteten Hefeteig, der sowohl süß als auch herzhaft gefüllt, geschichtet oder gefaltet – und dann rund 45 Minuten im Ofen gebacken wird. Das Ergebnis sind herrlich saftige und zarte Hefebrote mit unwiderstehlicher Füllung. Sie werden die Rezepte lieben! Allerdings braucht es mehr Zeit – Hefeteig will schließlich gehen – und je nach Form etwas mehr Fingerspitzengefühl. Doch lassen Sie sich bloß nicht abschrecken! Mit ein wenig Übung und Erfahrung ist selbst gebackenes Pull-apart-Bread für jeden und jede absolut machbar – und dabei so gut, dass Sie in Zukunft wohl immer einen Würfel Hefe im Kühlschrank haben.

2. CRACK BREAD:

Dabei handelt es sich um fertiges Brot, das tief eingeschnitten und mit leckeren, herzhaften Füllungen versehen nochmals in den Ofen kommt. Das Ergebnis? Traumhaft! Die Zubereitung? Kinderleicht! Der Zeitaufwand? Minimal!
Wie so viele spannende Trends im Kochbereich kommt auch das Crack Bread aus den USA. Die Welle der Begeisterung, die es dort ausgelöst hat, ist seit ein paar Monaten auch bei uns angekommen, denn die geschmolzenen Füllungen unter der knusprigen Oberfläche sind einfach unwiderstehlich gut. Unterschiedliche Käsesorten, Kräuter, Butter, Speck und alles, was das Herz begehrt, machen aus

schlichtem Brot Partyfood vom Feinsten – und das alles absolut gelingsicher und bei fast keinem Zeitaufwand. Unsere feinen Crack-Bread-Rezepte finden Sie im Kapitel „Blitzbrote".

Hefeteig – gewusst wie

Die Scheu vor Hefeteig ist völlig unbegründet, denn eigentlich ist er einer der dankbarsten und vielseitigsten Teige, die man sich vorstellen kann. Damit er perfekt gelingt, sind lediglich folgende Voraussetzungen wichtig:

1. JE FRISCHER DESTO BESSER

Wird frische Hefe verwendet, muss diese so frisch wie möglich sein. Je älter sie wird, desto mehr büßt sie ihre Fähigkeit ein aufzugehen. Machen Sie doch den Geruchstest: Frische Hefe duftet angenehm würzig, alte Hefe unangenehm streng. Im Zweifelsfall verwenden Sie besser Trockenhefe – hier entspricht 1 Päckchen in etwa 1 Würfel frischer Hefe von 42 g.

2. HEFETEIG BRAUCHT WÄRME

Die verwendeten Zutaten sind im Idealfall zimmer- bis lauwarm. Werden die Hefepilze über 45 °C erhitzt, beginnen sie abzusterben. Ist die Umgebung zu kalt, brauchen die Pilze länger, um in Fahrt zu kommen. Das bedeutet:

- Erwärmen Sie Butter oder Milch niemals zu stark. Die erwärmten Zutaten sollten höchstens lauwarm sein.
- Nehmen Sie die Eier – falls im Rezept vorhanden – rechtzeitig aus dem Kühlschrank, sodass sie ebenfalls Zimmertemperatur haben.

- Vermeiden Sie Zugluft und decken Sie die Schüssel mit dem Teig immer gut ab.
- Die Sommermonate sind für die Zubereitung von Hefeteigen einfach ideal. Bei 32 °C Außentemperatur kommen wir zwar ins Schwitzen – Hefe fühlt sich dann aber am wohlsten und geht deutlich schneller auf als üblich. Aber was tun wir im Winter, wenn wir die Teigschüssel nicht auf der Heizung parken können? Hört sich zwar komisch an, klappt aber wunderbar: Verwenden Sie eine dünnwandige Metallschüssel, da sie am besten Wärme leitet. Stellen Sie dann die abgedeckte Schüssel mit dem Hefeteig auf eine mit warmem Wasser leicht gefüllte Wärmflasche. Fixieren Sie anschließend alles mit einem Handtuch. Klappt super!

3. HEFETEIG BRAUCHT ZEIT

Hefeteig muss Zeit haben, um sich zu entwickeln. 2–3 Gehzeiten sind üblich. Bei verwendeter frischer Hefe, wie in den meisten Rezepten dieses Buches, muss diese erst in ein wenig lauwarmer Flüssigkeit aufgelöst werden. Meist gibt man ihr dann schon ein bisschen Zeit, um sich zu entfalten. 5–15 Minuten reichen hier allerdings. Wenn dann dieser Vorteig mit den restlichen Teigzutaten vermischt wird, kommt die Hauptzeit zum Gehen. Rund 1 Stunde wird hier benötigt. Im Anschluss muss jeder Hefeteig kräftig durchgeknetet werden. Das vorher verdoppelte Volumen schrumpft dann wieder deutlich. Dieser Vorgang ist jedoch wichtig, damit der Teig nicht zu grobporig wird. Nach dem Formen und Füllen lässt man dem Teig im Anschluss nochmals Zeit zum Gehen. Zwischen 30 Minuten und 1 Stunde ist hier üblich. Dabei geht der Teig erneut auf und füllt die Backformen schön aus. Allerdings: Die Gehzeiten können je nach Umgebungstemperatur deutlich schwanken. Die im Rezept angegebenen 1–2 Stunden können bei optimalen Hochsommerbedingungen locker unterboten werden, kühle Temperaturen können die Gehzeit dagegen deutlich verlängern. Geben Sie Ihrem Hefeteig also die Zeit, die er braucht, und betrachten Sie die Zeitangaben dieses Buches als Mittelwerte.

Faltenbrot, Fingerbrot, Rosenbrot, Pull-apart-Bread, Ährenbrot, Monkey Bread

Mittlerweile gibt es für die süßen und herzhaften Backwaren einen sehr großen Formenreichtum. Das klassische Pull-apart-Bread mit nebeneinandergeschichteten einzelnen Scheiben ist für Anfänger neben dem Monkey Bread – köstliche Kugeln mit oder ohne Füllung – und dem Schneckenbrot sicher die einfachste Art, sich an den neuen Trend heranzutasten. Auch Falten- und Ährenbrot sind überhaupt nicht schwierig, hat man erst einmal die Falttechnik verinnerlicht. Ebenso verhält es sich mit dem Rosenbrot. Etwas komplizierter ist das Fingerbrot – es ist tatsächlich mit ein wenig Fingerfertigkeit verbunden. Hier werden einzelne Röllchen geformt – was durch die Füllung einfach ein wenig Geschicklichkeit erfordert. In einigen Rezepten findet sich daher auch die leichte Variante, in der ein länglicher, schmaler und mit Füllung bestrichener Teigstrang einfach nur zusammengeklappt wird.

Tasten Sie sich einfach an die Formen und Falttechniken heran. Mit unseren einfachen und klaren Schritt-für-Schritt-Anweisungen steht dann einem wunderbaren Ergebnis nichts mehr im Wege.

Stepfotos zu den unterschiedlichen Techniken finden Sie bei ausgesuchten Rezepten:

Faltenbrot, Seite 18
Pesto-Rose, Seite 32
Klassisches Pull-apart-Bread, Seite 41
Fingerbrot, Seite 49
Ährenbrot, Seite 52
Nuss-Nougat-Blume, Seite 109

Doch jetzt heißt es: Vorhang auf für unsere Zupfbrote de luxe! Viel Spaß beim Backen und Genießen!

PULL-APART-BREADS

Herzhafte Zupfbrote mit Käse, Kräutern & Co.

PULL-APART-BREAD

mit Knoblauchbutter und Petersilie

FÜR CA. 28 SCHEIBEN (KASTENFORM 30 CM)

FÜR DEN TEIG

225 g Weizenmehl (Type 405)
225 g Dinkelvollkornmehl
½ Tl brauner Zucker
1 Tl Salz
30 g Hefe
50 g Butter
120 ml Mineralwasser
2 Eier

FÜR DIE FÜLLUNG

1 Bund glatte Petersilie
150 g Butter
2 Knoblauchzehen
Salz
Pfeffer

AUSSERDEM

Mehl für die Arbeitsfläche

Zubereitungszeit

ca. 30 Minuten (plus Zeit zum Gehen und Backen)
Pro Scheibe ca. 108 kcal/452 kJ
3 g E, 5 g F, 11 g KH

1 Beide Mehlsorten mit Zucker und Salz in einer Schüssel verrühren. Die Hefe in 4 Esslöffel lauwarmes Wasser bröckeln, mit einer Gabel verrühren und 1 Esslöffel der Mehlmischung unterrühren. Abdecken und diesen Vorteig ca. 5 Minuten ruhen lassen.

2 Die Butter zerlassen. Mineralwasser, Eier und lauwarme Butter zur Mehlmischung geben, den Vorteig hinzugeben und alles mit den Knethaken des Handrührers verkneten. Dann mit den Händen kräftig durchkneten. Den Teig zu einer Kugel formen (falls er klebt, noch etwas Mehl hinzugeben) und mit einem feuchten Küchentuch abgedeckt ca. 1 Stunde an einem warmen Ort gehen lassen, bis sich sein Volumen verdoppelt hat.

3 Für die Füllung die Petersilie waschen, trocken schütteln, die Blättchen abzupfen und nicht zu fein hacken. Die Butter zerlassen. Knoblauch schälen und zur Butter pressen. Die Butter leicht abkühlen lassen.

4 Die Backform mit Backpapier auslegen. Den Hefeteig kräftig durchkneten, dann auf einer bemehlten Arbeitsfläche ca. 30 x 50 cm groß ausrollen. Die Teigplatte mit der Knoblauchbutter einpinseln, salzen, pfeffern und mit der Petersilie bestreuen.

5 Die Teigplatte quer in 7 Streifen schneiden (ca. 30 x 7 cm). Die Teigstreifen mit der Füllung nach oben in 2 Stapeln übereinanderlegen. Diese Stapel jeweils quer in 4 Stücke schneiden (ca. 7,5 x 7 cm) und die Teigstücke hochkant in die Kastenform stellen. Mit einem feuchten Küchentuch abdecken und weitere 30 Minuten ruhen lassen. Den Backofen auf 180 °C vorheizen.

6 Auf der mittleren Schiene ca. 45 Minuten backen. Kurz in der Form ruhen lassen, dann mithilfe des Backpapiers aus der Form heben, etwas abkühlen lassen und am besten lauwarm genießen.

PULL-APART-BREAD

mit Salami, Peperoni, Tomatensugo und Käse

FÜR CA. 28 SCHEIBEN (KASTENFORM 30 CM)

FÜR DEN TEIG

450 g Weizenmehl (Type 550)
½ Tl Zucker
1 Tl Salz
30 g Hefe
175 ml Mineralwasser
3 El Olivenöl

FÜR DEN BELAG

1 Zwiebel
2 Knoblauchzehen
1 Stange Staudensellerie
1 El Olivenöl
400 ml passierte Tomaten
1 Tl getrockneter Thymian
1 Tl getrockneter Oregano
1 Prise Zucker
Salz
Pfeffer
2 grüne Peperoni aus dem Glas
150 g junger Pecorino
150 g Mozzarella
28 Scheiben Salame piccante (ca. 8 cm Ø)

AUSSERDEM

Mehl für die Arbeitsfläche

1. Mehl mit Zucker und Salz in einer Schüssel verrühren. Die Hefe in 4 Esslöffel lauwarmes Wasser bröckeln, mit einer Gabel verrühren und 1 Esslöffel Mehlmischung unterrühren. Abdecken und diesen Vorteig ca. 5 Minuten ruhen lassen.

2. Mineralwasser, Olivenöl und Vorteig zur Mehlmischung geben. Alles mit den Knethaken des Handrührers verkneten. Dann mit den Händen kräftig durchkneten. Den Teig zu einer Kugel formen (falls er klebt, noch etwas Mehl hinzugeben) und mit einem feuchten Küchentuch abgedeckt an einem warmen Ort gehen lassen, bis sich sein Volumen verdoppelt hat.

3. Für den Sugo Zwiebel und Knoblauch schälen und hacken. Staudensellerie waschen, putzen und fein würfeln. Alles im erhitzten Olivenöl ca. 8 Minuten sanft andünsten. Die passierten Tomaten und 50 ml Wasser hinzugießen, die Kräuter unterrühren. Mit Zucker, Salz und Pfeffer würzen und auf ca. 150 ml einkochen lassen. Danach abkühlen lassen und pürieren. Die Peperoni in dünne Ringe schneiden, den Käse raspeln.

4. Die Backform mit Backpapier auslegen. Den Hefeteig kräftig durchkneten, dann auf einer bemehlten Arbeitsfläche ca. 30 x 50 cm groß ausrollen. In 7 Streifen schneiden (ca. 30 x 7 cm). Mit dem Tomatensugo bestreichen, mit Käse und Peperoni bestreuen, auf jeden Streifen 4 Salamischeiben legen. Die Streifen mit der Salami nach oben in 2 Stapeln übereinanderlegen.

5. Die Stapel jeweils quer in 4 Stücke schneiden (ca. 7,5 x 7 cm). Die Kastenform hochkant an die Wand lehnen und die Teigstücke mit der Füllung nach oben in die Kastenform stapeln. Wenn sie gefüllt ist,

wieder gerade hinstellen, mit einem feuchten Küchentuch abdecken und weitere 30 Minuten gehen lassen. Den Backofen auf 180 °C vorheizen.

6 Auf der mittleren Schiene ca. 45 Minuten backen. Kurz in der Form ruhen lassen, dann aus der Form stürzen, wieder umdrehen, etwas abkühlen lassen und am besten lauwarm genießen.

TIPP: Falls Ihre Salami vom Durchmesser her kleiner ist, erhöhen Sie einfach die Scheibenanzahl, bis die einzelnen Teigquadrate angemessen belegt sind.

Zubereitungszeit
ca. 40 Minuten (plus Zeit zum Gehen, Kochen und Backen)
Pro Scheibe ca. 113 kcal/471 kJ
5 g E, 4 g F, 13 g KH

MONKEY BREAD

mit Hackbällchenfüllung und getrockneten Pflaumen

FÜR CA. 14 STÜCKE (KRANZFORM 24 CM Ø)

FÜR DEN TEIG

300 g Weizenmehl (Type 550)
200 g Weizenmehl (Type 1050)
½ Tl Zucker
1 Tl Salz
30 g Hefe
225 ml Mineralwasser
4 El Olivenöl

FÜR DIE FÜLLUNG

1 Zwiebel
1 Knoblauchzehe
30 g Pinienkerne
3 El Olivenöl
50 g Trockenpflaumen
200 g Lammhack
1 Eigelb
1 getrocknete Chilischote
1 Tl Sumach
Salz
Pfeffer

AUSSERDEM

Butter für die Form
Mehl für die Arbeitsfläche
80 g gesalzene Butter zum Einpinseln

1. Beide Mehlsorten mit Zucker und Salz in einer Schüssel verrühren. Die Hefe in 4 Esslöffel lauwarmes Wasser bröckeln, mit einer Gabel verrühren und 1 Esslöffel Mehl unterrühren. Abdecken und diesen Vorteig ca. 5 Minuten ruhen lassen.

2. Mineralwasser, Olivenöl und Vorteig zur Mehlmischung geben. Alles mit den Knethaken des Handrührers verkneten. Dann mit den Händen kräftig durchkneten. Den Teig zu einer Kugel formen (falls er klebt, noch etwas Mehl hinzugeben) und mit einem feuchten Küchentuch abgedeckt ca. 1 Stunde an einem warmen Ort gehen lassen, bis sich sein Volumen verdoppelt hat.

3. Für die Füllung Zwiebel und Knoblauchzehe schälen und hacken. Die Pinienkerne in einer Pfanne ohne Fett goldgelb anrösten, dann in eine Schüssel umfüllen. 1 Esslöffel Öl in die Pfanne geben und Zwiebel und Knoblauch darin glasig dünsten. Zu den Pinienkernen geben. Die Trockenpflaumen grob hacken und hinzugeben, dann das Hackfleisch, das Eigelb, die zerbröselte Chilischote und die Gewürze. Alles gut verkneten, aus der Masse 14 Bällchen formen und diese im restlichen heißen Olivenöl rundum knusprig braun braten. Aus der Pfanne nehmen und abkühlen lassen.

4. Die Backform mit Butter einfetten. Den Hefeteig kräftig durchkneten und anschließend auf einer bemehlten Arbeitsfläche zu 2 Rollen à 30 cm formen. Aus den Rollen jeweils 7 etwa gleich große Scheiben abschneiden. Die Scheiben auf der Arbeitsfläche leicht ausrollen, in die Mitte ein Hackbällchen geben und das Bällchen jeweils mit dem Teig umschließen.

5 Die salzige Butter zerlassen, sodass sie gerade flüssig und lauwarm ist. Jedes Bällchen rundherum mit der Butter bepinseln. In die Backform geben und alles mit einem Küchentuch bedeckt 1 weitere Stunde gehen lassen. Den Backofen auf 180 °C vorheizen.

6 Auf der mittleren Schiene ca. 45 Minuten backen. Kurz in der Form ruhen lassen, dann aus der Form stürzen und am besten lauwarm genießen.

Zubereitungszeit
ca. 45 Minuten (plus Zeit zum Gehen und Backen)
Pro Stück ca. 278 kcal/1164 kJ
8 g E, 14 g F, 28 g KH

FALTENBROT

mit Chili-Käse-Belag

FÜR CA. 28 STÜCKE (RECHTECKIGE BACKFORM, CA. 30 X 25 CM)

FÜR DEN TEIG

600 g Weizenmehl (Type 550)
½ Tl Zucker
1 Tl Salz
1 Würfel Hefe (42 g)
6 El Olivenöl
100 g Maisgrieß

FÜR DEN BELAG

100 g Cheddar
100 g Gouda
50 g Parmesan
4 rote Chilischoten
170 g Pesto rosso

AUSSERDEM

weiche Butter für die Form und zum Bepinseln
Mehl für die Arbeitsfläche

1. Mehl mit Zucker und Salz in einer Schüssel verrühren. Die Hefe in 7 Esslöffel lauwarmes Wasser bröckeln, mit einer Gabel verrühren und 1 Esslöffel Mehl unterrühren. Abdecken und diesen Vorteig ca. 5 Minuten ruhen lassen.

2. 200 ml warmes Wasser, Olivenöl, Maisgrieß und Vorteig zur Mehlmischung geben. Alles mit den Knethaken des Handrührers verkneten. Dann mit den Händen kräftig durchkneten. Den Teig zu einer Kugel formen (falls er klebt, noch etwas Mehl hinzugeben) und mit einem feuchten Küchentuch abgedeckt ca. 1 Stunde an einem warmen Ort gehen lassen, bis sich sein Volumen verdoppelt hat.

3. Alle Käsesorten reiben und mischen. Die Chilischoten putzen, waschen und je nach Schärfe-Wunsch mit Kernen oder ohne hacken.

4. Die Backform mit Butter einfetten. Den Hefeteig kräftig durchkneten, dann auf einer bemehlten Arbeitsfläche ca. 40 x 50 cm groß ausrollen.

Die Teigplatte mit dem Pesto rosso einpinseln, dann die Chilischoten daraufstreuen und den geriebenen Käse gleichmäßig darauf verteilen. Nun die Platte von der breiten Seite in ca. 7 Streifen schneiden und jeden Streifen wie eine Ziehharmonika dreimal zusammenfalten, sodass die Füllung innen liegt. Die Teigfalten hochkant in der Form verteilen. Abgedeckt an einem warmen Ort ca. 30 Minuten gehen lassen. Währenddessen den Backofen auf 200 °C vorheizen.

5 Das Faltenbrot mit Butter bepinseln und auf der mittleren Schiene ca. 40 Minuten backen. Am besten lauwarm servieren.

TIPP: Sie haben keine rechteckige Backform? Kein Problem! Stellen Sie alternativ einen Backrahmen auf die Größe ein, buttern Sie ihn und legen ihn auf ein mit Backpapier belegtes Backblech.

Zubereitungszeit
ca. 40 Minuten (plus Zeit zum Gehen und Backen)
Pro Stück ca. 171 kcal/713 kJ
6 g E, 8 g F, 20 g KH

FINGERBROT

mit Schwarzwälder Schinken, Bergkäse und Petersilie

FÜR CA. 24 STÜCKE (KASTENFORM 30 CM)

FÜR DEN TEIG

500 g Weizenmehl (Type 405)
½ Tl Zucker
1 Tl Salz
30 g Hefe
50 g Butter
200 ml Mineralwasser

FÜR DIE FÜLLUNG

200 g Bergkäse
½ Bund glatte Petersilie
15 dünne Scheiben Schwarzwälder Schinken
Salz
Pfeffer

AUSSERDEM

80 g gesalzene Butter zum Bepinseln
Mehl für die Arbeitsfläche

1. Mehl mit Zucker und Salz in einer Schüssel verrühren. Die Hefe in 4 Esslöffel lauwarmes Wasser bröckeln, mit einer Gabel verrühren und 1 Esslöffel der Mehlmischung unterrühren. Abdecken und diesen Vorteig ca. 5 Minuten ruhen lassen.

2. Die Butter zerlassen. Mineralwasser und Butter zur Mehlmischung geben, den Vorteig hinzugeben und alles mit den Knethaken des Handrührers verkneten. Dann mit den Händen kräftig durchkneten. Den Teig zu einer Kugel formen (falls er klebt, noch etwas Mehl hinzugeben) und mit einem feuchten Küchentuch abgedeckt ca. 1 Stunde an einem warmen Ort gehen lassen, bis sich sein Volumen verdoppelt hat.

3. Für die Füllung den Käse reiben. Die Petersilie waschen, trocken schütteln, die Blättchen abzupfen und nicht zu fein hacken. Den Schwarzwälder Schinken zerpflücken. Die Butter zum Bestreichen zerlassen und wieder leicht abkühlen lassen.

4. Die Backform mit Backpapier auslegen. Den Hefeteig kräftig durchkneten, dann auf einer bemehlten Arbeitsfläche ca. 28 x 60 cm groß ausrollen. Die Teigplatte mit dem Käse und der Petersilie bestreuen. Dann den zerpflückten Schinken darauf verteilen.

5. Nun den Teig in ca. 24 Rechtecke schneiden. Hierfür am besten den Teig der Länge nach halbieren, sodass man 2 Teile à 60 x 14 cm erhält. Diese Stücke jeweils in 6 Rechtecke à ca. 10 x 14 cm schneiden. Jedes Rechteck längs zusammenrollen, dann halbieren, sodass die Röllchen nun ca. 7 cm lang sind. Mit der zerlassenen Butter bepinseln.

6 Die Kastenform hochkant an die Wand lehnen und die Finger hineinlegen. Dann wieder gerade hinstellen, mit einem feuchten Küchentuch abdecken und weitere 30 Minuten gehen lassen. Währenddessen den Backofen auf 180 °C vorheizen.

7 Auf der mittleren Schiene ca. 45 Minuten backen. Kurz in der Form ruhen lassen, dann aus der Form heben, etwas abkühlen lassen und am besten lauwarm genießen.

Zubereitungszeit
ca. 30 Minuten (plus Zeit zum Gehen und Backen)
Pro Stück ca. 145 kcal/606 kJ
5 g E, 7 g F, 16 g KH

HERZHAFTES SCHNECKENBROT

mit Tomaten, Oregano und Sardellen

FÜR 12–16 STÜCKE (SPRINGFORM 26 CM Ø)

FÜR DEN TEIG
400 g Mehl
½ Tl Zucker
1 Tl Salz
½ Würfel Hefe (21 g)
160 ml Mineralwasser
5 El Olivenöl

FÜR DEN BELAG
1 Zwiebel
2 Knoblauchzehen
1 El Olivenöl
400 ml passierte Tomaten
1 Lorbeerblatt
1 Tl getrockneter Thymian
1 Tl getrockneter Oregano
1 Prise Zucker
Salz
Pfeffer
½ Bund Oregano
12 Sardellenfilets aus dem Glas
200 g Kirschtomaten

AUSSERDEM
Butter für die Form
Mehl für die Arbeitsfläche
75 g Butter zum Bepinseln

1. Mehl mit Zucker und Salz in einer Schüssel verrühren. Die Hefe in 4 Esslöffel lauwarmes Wasser bröckeln, mit einer Gabel verrühren und 1 Esslöffel Mehl unterrühren. Abdecken und diesen Vorteig ca. 5 Minuten ruhen lassen.

2. Mineralwasser, Olivenöl und Vorteig zur Mehlmischung geben. Alles mit den Knethaken des Handrührers verkneten. Dann mit den Händen kräftig durchkneten. Den Teig zu einer Kugel formen (falls er klebt, noch etwas Mehl hinzugeben) und mit einem feuchten Küchentuch abgedeckt ca. 1 Stunde an einem warmen Ort gehen lassen, bis sich sein Volumen verdoppelt hat.

3. Für den Sugo Zwiebel und Knoblauchzehen schälen und hacken. Im erhitzten Olivenöl ca. 8 Minuten sanft andünsten. Die passierten Tomaten, 50 ml Wasser und die getrockneten Kräuter unterrühren. Mit Zucker, Salz und Pfeffer würzen und auf ca. 150 ml einkochen lassen. Danach abkühlen lassen, das Lorbeerblatt entfernen und den Sugo pürieren.

4. Oregano waschen, trocken tupfen und die Blättchen abzupfen. Die Sardellen unter fließendem kalten Wasser gründlich spülen, trocken tupfen und hacken. Die Tomaten waschen, trocken tupfen, putzen, entkernen und in Scheiben schneiden.

5. Die Springform mit Butter einfetten. Den Hefeteig kräftig durchkneten, dann auf einer bemehlten Arbeitsfläche ca. 36 x 50 cm groß ausrollen. Die Teigplatte mit dem Tomatensugo bestreichen, Tomatenscheiben daraufgeben, mit Oregano bestreuen und die gehackten Sardellen darauf verteilen. Von der schmalen Seite aufrollen, sodass eine 36 cm lange Rolle entsteht. Diese in ca. 3 cm dicke Scheiben schneiden.

6 Die Butter zum Bepinseln zerlassen. Die Schnecken rundum damit bepinseln, dann nebeneinander in der Springform verteilen und abgedeckt an einem warmen Ort ca. 30 Minuten gehen lassen. Währenddessen den Backofen auf 180 °C vorheizen. Auf der mittleren Schiene ca. 45 Minuten backen. Herausnehmen, aus der Form lösen und am besten lauwarm genießen.

Zubereitungszeit
ca. 40 Minuten (Zeit zum Gehen, Kochen und Backen)
Pro Stück ca. 232 kcal/972 kJ
5 g E, 11 g F, 27 g KH

PULL-APART-BREAD

mit Sonnenblumenkernen, Bärlauchbutter und Parmesan

FÜR CA. 28 SCHEIBEN (KASTENFORM 30 CM)

FÜR DEN TEIG

225 g Weizenmehl (Type 405)
225 g Dinkelvollkornmehl
½ Tl brauner Zucker
1 Tl Salz
30 g Hefe
75 g Butter
75 g Sonnenblumenkerne
175 ml Mineralwasser

FÜR DIE FÜLLUNG

½ Bund Bärlauch
150 g Butter
100 g Parmesan
Salz
Pfeffer

AUSSERDEM

Mehl für die Arbeitsfläche

1. Beide Mehlsorten mit Zucker und Salz in einer Schüssel verrühren. Die Hefe in 4 Esslöffel lauwarmes Wasser bröckeln, mit einer Gabel verrühren und 1 Esslöffel der Mehlmischung unterrühren. Abdecken und diesen Vorteig ca. 5 Minuten ruhen lassen.

2. Die Butter zerlassen und leicht abkühlen lassen. Sonnenblumenkerne, Mineralwasser und gerade noch flüssige Butter zur Mehlmischung geben, den Vorteig hinzugeben und alles mit den Knethaken des Handrührers verkneten. Dann mit den Händen kräftig durchkneten. Den Teig zu einer Kugel formen (falls er klebt, noch etwas Mehl hinzugeben) und mit einem feuchten Küchentuch abgedeckt ca. 1 Stunde an einem warmen Ort gehen lassen, bis sich sein Volumen verdoppelt hat.

3. Für die Füllung den Bärlauch waschen, trocken tupfen und die Blättchen fein hacken. Die Butter leicht erwärmen und den Bärlauch unterrühren. Den Parmesan reiben.

4. Die Backform mit Backpapier auslegen. Den Hefeteig kräftig durchkneten, dann auf einer bemehlten Arbeitsfläche ca. 30 x 50 cm groß ausrollen. Die Teigplatte mit der Bärlauchbutter einpinseln, salzen, pfeffern und mit dem Parmesan bestreuen.

5. Die Teigplatte quer in 7 Streifen schneiden (ca. 30 x 7 cm). Die Teigstreifen mit der Füllung nach oben in 2 Stapeln übereinanderlegen. Diese Stapel jeweils quer in 4 Stücke schneiden (ca. 7,5 x 7 cm).

6 Die Kastenform hochkant an die Wand lehnen und die Teigstücke mit der Füllung nach oben in die Kastenform stapeln. Wenn sie gefüllt ist, wieder gerade hinstellen, mit einem feuchten Küchentuch abdecken und weitere 30 Minuten gehen lassen. Den Backofen auf 180 °C vorheizen.

7 Auf der mittleren Schiene ca. 45 Minuten backen. Kurz in der Form ruhen lassen, dann aus der Form stürzen, wieder umdrehen, etwas abkühlen lassen und am besten lauwarm genießen.

Zubereitungszeit
ca. 30 Minuten (plus Zeit zum Gehen und Backen)
Pro Scheibe ca. 137 kcal/572 kJ
4 g E, 8 g F, 12 g KH

MONKEY BREAD CAPRESE

mit frischen Tomaten, Mozzarella und Basilikum

FÜR CA. 16 STÜCKE (KRANZFORM 24 CM Ø)

FÜR DEN TEIG

400 g Weizenmehl (Type 550)
½ Tl Zucker
1 Tl Salz
30 g Hefe
175 ml Mineralwasser
1 Tl getrockneter Oregano
5 El Olivenöl

FÜR DEN BELAG

½ Bund Basilikum
2 Kugeln Mozzarella (à 125 g)
16 größere Kirschtomaten (oder 32 kleine)
Salz
Pfeffer

AUSSERDEM

Mehl für die Arbeitsfläche
Olivenöl für die Form und zum Bepinseln

Zubereitungszeit

ca. 40 Minuten (plus Zeit zum Gehen und Backen)
Pro Stück ca. 167 kcal/700 kJ
6 g E, 7 g F, 19 g KH

1. Mehl mit Zucker und Salz in einer Schüssel verrühren. Die Hefe in 4 Esslöffel lauwarmes Wasser bröckeln, mit einer Gabel verrühren und 1 Esslöffel Mehl unterrühren. Abdecken und diesen Vorteig ca. 5 Minuten ruhen lassen.

2. Mineralwasser, Oregano, Olivenöl und Vorteig zur Mehlmischung geben. Alles mit den Knethaken des Handrührers verkneten. Dann mit den Händen kräftig durchkneten. Den Teig zu einer Kugel formen (falls er klebt, noch etwas Mehl hinzugeben) und mit einem feuchten Küchentuch abgedeckt ca. 1 Stunde an einem warmen Ort gehen lassen, bis sich sein Volumen verdoppelt hat.

3. Basilikum waschen, trocken schütteln, die Blättchen abzupfen und in Streifen schneiden. Mozzarella abtropfen lassen und hacken. Die Tomaten waschen, trocknen, putzen und entkernen.

4. Die Backform mit Öl einfetten. Den Hefeteig kräftig durchkneten, dann auf einer bemehlten Arbeitsfläche zu zwei Rollen à 24 cm formen. Von den Rollen jeweils 8 gleich dicke Scheiben schneiden. Die Scheiben auf der Arbeitsfläche leicht ausrollen. Mittig Basilikum, Mozzarella und 1–2 Kirschtomaten platzieren. Mit Salz und Pfeffer bestreuen. Die Teigränder hochklappen und wieder Kugeln formen. Jede dieser Kugeln mit Olivenöl bepinseln und in die Form verteilen. Mit dem feuchten Küchentuch abdecken und 1 weitere Stunde ruhen lassen. Den Backofen auf 180 °C vorheizen.

5. Auf der mittleren Schiene ca. 45 Minuten backen. Kurz in der Form ruhen lassen, dann aus der Form nehmen, etwas abkühlen lassen und am besten lauwarm genießen.

FINGERBROT

mit Frischkäse und gebratenen Speckwürfeln

FÜR CA. 24 STÜCKE (KASTENFORM 30 CM)

FÜR DEN TEIG

300 g Weizenmehl (Type 405)
200 g Dinkelvollkornmehl
½ Tl Zucker
1 Tl Salz
30 g Hefe
30 g Butter
175 ml Mineralwasser
100 g saure Sahne

FÜR DIE FÜLLUNG

2 rote Zwiebeln
200 g durchwachsener Speck
100 g Cheddar
200 g Doppelrahmfrischkäse
Salz
Pfeffer

AUSSERDEM

Mehl für die Arbeitsfläche
100 g gesalzene Butter zum Bepinseln

1. Beide Mehlsorten mit Zucker und Salz in einer Schüssel verrühren. Die Hefe in 4 Esslöffel lauwarmes Wasser bröckeln, mit einer Gabel verrühren und 1 Esslöffel der Mehlmischung unterrühren. Abdecken und diesen Vorteig ca. 5 Minuten ruhen lassen.

2. Die Butter zerlassen, dann leicht abkühlen lassen. Mineralwasser, Butter und zimmerwarme saure Sahne zur Mehlmischung geben, den Vorteig hinzugeben und alles mit den Knethaken des Handrührers verkneten. Dann mit den Händen kräftig durchkneten. Den Teig zu einer Kugel formen (falls er klebt, noch etwas Mehl hinzugeben) und mit einem feuchten Küchentuch abgedeckt ca. 1 Stunde an einem warmen Ort gehen lassen, bis sich sein Volumen verdoppelt hat.

3. Für die Füllung die Zwiebeln schälen und hacken. Den Speck würfeln. Speckwürfel in einer Pfanne bei mittlerer Hitze auslassen und leicht bräunen. Dann herausnehmen und im verbliebenen Fett die Zwiebeln weich dünsten. Den Cheddar reiben.

4. Die Backform mit Backpapier auslegen. Den Hefeteig kräftig durchkneten, dann auf einer bemehlten Arbeitsfläche ca. 28 x 60 cm groß ausrollen. Die Teigplatte mit dem Frischkäse bestreichen. Zwiebeln und Speck darauf verteilen, alles salzen und pfeffern. Dann den Cheddar darüberstreuen.

5. Nun den Teig in ca. 24 Rechtecke schneiden. Hierfür am besten den Teig der Länge nach halbieren, sodass man 2 Teile à 60 x 14 cm erhält. Diese Stücke jeweils in 6 Rechtecke à ca. 10 x 14 cm schneiden. Jedes Rechteck längs zusammenrollen, dann halbieren, sodass die Röllchen nun ca. 7 cm lang sind. Jedes Röllchen mit der zerlassenen gesalzenen Butter bepinseln.

6 Die Kastenform hochkant an die Wand lehnen und die Röllchen hineinlegen. Wenn die Form gefüllt ist, wieder gerade hinstellen, mit einem feuchten Küchentuch abdecken und den Teig weitere 30 Minuten gehen lassen. Währenddessen den Backofen auf 180 °C vorheizen.

7 Auf der mittleren Schiene ca. 45 Minuten backen. Kurz in der Form ruhen lassen, dann aus der Form heben, etwas abkühlen lassen und am besten lauwarm genießen.

Zubereitungszeit
ca. 30 Minuten (plus Zeit zum Gehen und Backen)
Pro Stück ca. 192 kcal/804 kJ
7 g E, 11 g F, 16 g KH

MONKEY BREAD

mit getrockneten Tomaten und Parmesan

FÜR CA. 14 STÜCKE (KRANZFORM 24 CM Ø)

FÜR DEN TEIG

300 g Weizenmehl (Type 550)
200 g Weizenmehl (Type 1050)
½ Tl Zucker
2 Tl Salz
30 g Hefe
200 ml Mineralwasser
4 El Olivenöl

FÜR DIE FÜLLUNG

190 g getrocknete Tomaten in Öl
120 g Parmesan
75 g Sonnenblumenkerne
4 Zweige Oregano
Salz
Pfeffer

AUSSERDEM

Butter für die Form
Mehl für die Arbeitsfläche

Zubereitungszeit
ca. 45 Minuten (plus Zeit zum Gehen und Backen)
Pro Stück ca. 271 kcal/1133 kJ
10 g E, 12 g F, 29 g KH

1. Beide Mehlsorten mit Zucker und Salz in einer Schüssel verrühren. Die Hefe in 4 Esslöffel lauwarmes Wasser bröckeln, mit einer Gabel verrühren und 1 Esslöffel Mehl unterrühren. Abdecken und diesen Vorteig ca. 5 Minuten ruhen lassen.

2. Mineralwasser, Olivenöl und Vorteig zur Mehlmischung geben. Alles mit den Knethaken des Handrührers verkneten. Dann mit den Händen kräftig durchkneten. Den Teig zu einer Kugel formen (falls er klebt, noch etwas Mehl hinzugeben) und mit einem feuchten Küchentuch abgedeckt ca. 1 Stunde an einem warmen Ort gehen lassen, bis sich sein Volumen verdoppelt hat.

3. Für die Füllung die Tomaten in ein Sieb geben, abtropfen lassen und dabei das Öl auffangen. Dann die Tomaten hacken. Den Parmesan reiben. Die Sonnenblumenkerne in einer Pfanne ohne Fett leicht anrösten, dann abkühlen lassen. Oregano waschen, trocken tupfen und die Blättchen abzupfen. Alle Zutaten für die Füllung in einer Schüssel mischen, dabei leicht salzen und kräftig pfeffern.

4. Die Backform mit Butter einfetten. Den Hefeteig kräftig durchkneten, dann auf einer bemehlten Arbeitsfläche zu 2 Rollen à 30 cm formen. Aus den Rollen jeweils 7 etwa gleich große Scheiben abschneiden. Die Scheiben auf der Arbeitsfläche leicht ausrollen, in der Mitte der Teigscheiben die Füllung verteilen. Die Teigränder hochklappen und wieder Kugeln formen. Diese mit dem aufgefangenen Tomatenöl bepinseln. Falls es nicht reicht, weiteres Olivenöl verwenden. Die Bällchen in die Backform geben und den Teig mit einem Küchentuch bedeckt 1 weitere Stunde gehen lassen. Den Backofen auf 180 °C vorheizen.

5. Auf der mittleren Schiene ca. 45 Minuten backen. Kurz ruhen lassen, dann aus der Form lösen und am besten lauwarm genießen.

PESTO-ROSE

mit Basilikum-Pinienkern-Pesto

FÜR CA. 35 SCHEIBEN (SPRINGFORM 24 CM Ø)

FÜR DEN TEIG
500 g Weizenmehl
1 Tl Salz
½ Tl Zucker
½ Würfel Hefe (21 g)
6 El Olivenöl

FÜR DAS PESTO
50 g Pinienkerne
60 g Pecorino
2 Knoblauchzehen
2 Bund Basilikum
150 ml Olivenöl
Salz
Pfeffer

AUSSERDEM
Butter für die Form
Mehl für die Arbeitsfläche

1. Mehl mit Salz und Zucker in einer Schüssel verrühren. Die Hefe in 4 Esslöffel lauwarmes Wasser bröckeln, mit einer Gabel verrühren und 1 Esslöffel der Mehlmischung unterrühren. Abdecken und diesen Vorteig ca. 5 Minuten ruhen lassen.

2. Öl und 200 ml lauwarmes Wasser zur Mehlmischung geben, den Vorteig hinzugeben und alles mit den Knethaken des Handrührers verkneten. Dann mit den Händen kräftig durchkneten. Den Teig zu einer Kugel formen (falls er klebt, noch etwas Mehl hinzugeben) und mit einem feuchten Küchentuch abgedeckt ca. 1 Stunde an einem warmen Ort gehen lassen, bis sich sein Volumen verdoppelt hat.

3. Für die Füllung die Pinienkerne in einer Pfanne ohne Fett goldgelb rösten, dann abkühlen lassen. Pecorino reiben, Knoblauch schälen und zerkleinern. Basilikum waschen, trocken schütteln und die Blättchen abzupfen. Alles in einen Mixbehälter geben und zusammen mit dem Olivenöl zu einer Paste mixen. Salzen und pfeffern.

4 Die Springform mit Butter einfetten. Den Hefeteig kräftig durchkneten, dann auf einer bemehlten Arbeitsfläche ca. 32 x 32 cm groß ausrollen. Die Teigplatte mit dem Pesto einpinseln und dann in Rechtecke von ca. 4 x 8 cm Größe schneiden. Zuerst in der Mitte 3 Teigstücke aufstellen. Daran jeweils versetzt die restlichen Teigstücke locker anstellen – jeweils so, dass die Füllung zur Mitte der Form hin steht.

5 Mit einem feuchten Küchentuch abdecken und weitere 30 Minuten ruhen lassen. Den Backofen auf 180 °C vorheizen.

6 Auf der mittleren Schiene ca. 35 Minuten backen. Kurz in der Form ruhen lassen, dann herausnehmen, lauwarm abkühlen lassen und am besten direkt genießen.

Zubereitungszeit
ca. 30 Minuten (plus Zeit zum Gehen und Backen)
Pro Scheibe ca. 127 kcal/531 kJ
2 g E, 8 g F, 11 g KH

HERZHAFTE SCHNECKEN

mit Rosmarin, Knoblauch, Olivenöl und Ricotta

FÜR CA. 12 STÜCKE (SPRINGFORM 26 CM Ø)

FÜR DEN TEIG

400 g Dinkelmehl
½ Tl Zucker
1 Tl Salz
30 g Hefe
1 El Olivenöl
2 El Tomatenmark

FÜR DIE FÜLLUNG

1 Zweig Rosmarin
2 Knoblauchzehen
200 g schwarze Oliven ohne Stein
250 g Ricotta
3 El Olivenöl
Salz
Pfeffer

AUSSERDEM

Butter für die Form
Mehl für die Arbeitsfläche
75 g Butter zum Bepinseln

Zubereitungszeit

ca. 40 Minuten (plus Zeit zum Gehen und Backen)
Pro Stück ca. 235 kcal/984 kJ
6 g E, 12 g F, 25 g KH

1. Mehl mit Zucker und Salz in einer Schüssel verrühren. Die Hefe in 4 Esslöffel lauwarmes Wasser bröckeln, mit einer Gabel verrühren und 1 Esslöffel Mehl unterrühren. Abdecken und diesen Vorteig ca. 5 Minuten ruhen lassen.

2. 160 ml warmes Wasser, Olivenöl, Tomatenmark und Vorteig zur Mehlmischung geben. Alles mit den Knethaken des Handrührers verkneten. Dann mit den Händen kräftig durchkneten. Den Teig zu einer Kugel formen (falls er klebt, noch etwas Mehl hinzugeben) und mit einem feuchten Küchentuch abgedeckt etwa 1 Stunde an einem warmen Ort gehen lassen, bis sich sein Volumen verdoppelt hat.

3. Rosmarin waschen, trocknen und die Nadeln fein hacken. In eine Schüssel geben. Knoblauch schälen und durch die Presse zum Rosmarin drücken. Die Oliven in Scheiben schneiden und mit dem Ricotta und dem Olivenöl ebenfalls in die Schüssel geben. Alles miteinander verrühren und mit Salz und Pfeffer pikant abschmecken.

4. Die Springform mit Butter einfetten. Den Hefeteig kräftig durchkneten, dann auf einer bemehlten Arbeitsfläche ca. 36 x 50 cm groß ausrollen. Die Teigplatte mit der Ricottamischung bestreichen. Von der schmalen Seite aufrollen, sodass eine 36 cm lange Rolle entsteht. Diese in ca. 3 cm dicke Scheiben schneiden.

5. Die Butter zum Bepinseln zerlassen. Die Schnecken damit rundum bepinseln, nebeneinander in der Springform verteilen und abgedeckt an einem warmen Ort ca. 30 Minuten gehen lassen. Währenddessen den Backofen auf 180 °C vorheizen. Auf der mittleren Schiene ca. 45 Minuten backen. Herausnehmen und am besten lauwarm genießen.

SCHNECKENBROT

mit Tomatensugo, Lammhack und Schafskäse

FÜR CA. 12 STÜCKE (KASTENFORM 30 CM)

FÜR DEN TEIG

400 g Weizenmehl (Type 405)
½ Tl Zucker
1 Tl Salz
25 g Hefe
40 g Butter
180 ml Mineralwasser

FÜR DIE FÜLLUNG

1 Zwiebel
2 Knoblauchzehen
½ Bund glatte Petersilie
250 g Lammhack
2 El Olivenöl
300 ml passierte Tomaten
1 Tl getr. Oregano
1 Lorbeerblatt
1 Tl rosenscharfes Paprikapulver
Salz
Pfeffer
1 Tl abgeriebene Schale von 1 unbehandelten Zitrone
150 g Schafskäse

AUSSERDEM

Olivenöl zum Bepinseln
Mehl für die Arbeitsplatte
Butter für die Form

1. Mehl mit Zucker und Salz in einer Schüssel verrühren. Die Hefe in 3 Esslöffel warmes Wasser bröckeln, mit einer Gabel verrühren und 1 Esslöffel der Mehlmischung unterrühren. Abdecken und diesen Vorteig ca. 5 Minuten ruhen lassen.

2. Die Butter zerlassen. Mineralwasser und Butter zur Mehlmischung geben, den Vorteig hinzugeben und alles mit den Knethaken des Handrührers verkneten. Dann mit den Händen kräftig durchkneten. Den Teig zu einer Kugel formen (falls er klebt, noch etwas Mehl hinzugeben) und mit einem feuchten Küchentuch abgedeckt ca. 1 Stunde an einem warmen Ort gehen lassen, bis sich sein Volumen verdoppelt hat.

3. Für die Füllung Zwiebel und Knoblauch schälen und hacken. Petersilie waschen, trocken schütteln und die Blättchen hacken.

4. Das Öl erhitzen und das Hackfleisch darin kräftig braten. Dabei mit der Gabel zerdrücken, damit es krümelig wird. Herausnehmen. Im verbliebenen Bratfett die Zwiebel ca. 5 Minuten andünsten. Den Knoblauch hinzugeben und kurz mitdünsten. Mit den passierten Tomaten ablöschen und 50 ml Wasser hinzugeben. Oregano, Lorbeerblatt und Paprikapulver unterrühren, etwas Salz und Pfeffer hinzugeben und alles ca. 30 Minuten köcheln lassen. Die Zitronenschale und das Hackfleisch hinzugeben. Bei offenem Topf so lange köcheln lassen, bis fast die gesamte Flüssigkeit verdampft ist. Mit Salz und Pfeffer abschmecken, dann abkühlen lassen.

5. Die Backform mit Butter einfetten. Den Hefeteig kräftig durchkneten, dann auf einer bemehlten Arbeitsplatte ca. 60 x 40 cm groß ausrollen. Die Teigplatte mit dem Sugo bestreichen, dann den Schafskäse zerbröckeln und darüberstreuen.

6 Von der langen Seite aufrollen, sodass eine 60 cm lange Rolle entsteht. Diese in ca. 5 cm dicke Stücke schneiden. Die Butter zum Bepinseln zerlassen. Die Schnecken rundum damit bepinseln, dann hochkant in die Form stellen und abgedeckt an einem warmen Ort ca. 30 weitere Minuten gehen lassen. Währenddessen den Backofen auf 180 °C vorheizen. Auf der mittleren Schiene ca. 45 Minuten backen. Herausnehmen, aus der Form lösen und am besten lauwarm genießen.

Zubereitungszeit
ca. 30 Minuten (plus Zeit zum Gehen und Backen)
Pro Stück ca. 294 kcal/1228 kJ
10 g E, 12 g F, 34 g KH

PULL-APART-BREAD

mit Schnittlauch-Walnuss-Pesto

FÜR CA. 28 SCHEIBEN (KASTENFORM 30 CM)

FÜR DEN TEIG

425 g Mehl
75 g Kastanienmehl
1 El Salz
1 Tl Zucker
30 g Hefe
30 g Butter

FÜR DIE FÜLLUNG

3 Bund Schnittlauch
100 g Grana Padano
100 g Walnusskerne
150 ml Olivenöl
Salz
Pfeffer

AUSSERDEM

Mehl für die Arbeitsfläche

1. Beide Mehlsorten mit Salz und Zucker in einer Schüssel verrühren. Die Hefe in 4 Esslöffel lauwarmes Wasser bröckeln, mit einer Gabel verrühren und 1 Esslöffel der Mehlmischung unterrühren. Abdecken und diesen Vorteig ca. 5 Minuten ruhen lassen.

2. Die Butter zerlassen und leicht abkühlen lassen. Mit 200 ml lauwarmem Wasser zur Mehlmischung geben, den Vorteig hinzugeben und alles mit den Knethaken des Handrührers verkneten. Dann mit den Händen kräftig durchkneten. Den Teig zu einer Kugel formen (falls er klebt, noch etwas Mehl hinzugeben) und mit einem feuchten Küchentuch abgedeckt ca. 1 Stunde an einem warmen Ort gehen lassen, bis sich sein Volumen verdoppelt hat.

3. Für die Füllung den Schnittlauch waschen, trocken tupfen und in kleine Röllchen schneiden. Grana Padano reiben. Beides mit den Walnüssen und dem Olivenöl zu einer Paste pürieren. Mit Salz und Pfeffer abschmecken.

4. Die Backform mit Backpapier auslegen. Den Hefeteig kräftig durchkneten, dann auf einer bemehlten Arbeitsfläche ca. 30 x 50 cm groß ausrollen. Die Teigplatte mit dem Schnittlauchpesto bestreichen.

5. Die Teigplatte quer in 7 Streifen schneiden (ca. 30 x 7 cm). Die Teigstreifen mit der Füllung nach oben in 2 Stapeln übereinanderlegen. Diese Stapel jeweils quer in 4 Stücke schneiden (ca. 7,5 x 7 cm).

6 Die Kastenform hochkant an die Wand lehnen und die Teigstücke mit der Füllung nach oben in die Kastenform stapeln. Wenn sie gefüllt ist, wieder gerade hinstellen, mit einem feuchten Küchentuch abdecken und weitere 30 Minuten gehen lassen. Den Backofen auf 180 °C vorheizen.

7 Auf der mittleren Schiene ca. 45 Minuten backen. Kurz in der Form ruhen lassen, dann aus der Form heben, etwas abkühlen lassen und am besten lauwarm genießen.

Zubereitungszeit
ca. 30 Minuten (plus Zeit zum Gehen und Backen)
Pro Scheibe ca. 160 kcal/668 kJ
4 g E, 10 g F, 14 g KH

PULL-APART-BREAD

mit 4 verschiedenen Käsesorten

FÜR CA. 28 SCHEIBEN (KASTENFORM 30 CM)

FÜR DEN TEIG

450 g Weizenmehl (Type 405)
½ Tl brauner Zucker
1 Tl Salz
20 g Hefe
3 El Öl
3 El frisch gehackte, gemischte Kräuter (z. B. Thymian, Oregano, Basilikum)

FÜR DIE FÜLLUNG

1 Zwiebel
1 Knoblauchzehe
1 El Olivenöl
250 ml passierte Tomaten
1 Tl getrockneter Oregano
Salz
Pfeffer
1 Prise Zucker
150 g Mozzarella
100 g Gorgonzola
50 g Parmesan
100 g Provolone

AUSSERDEM

Mehl für die Arbeitsfläche

1. Mehl mit Zucker und Salz in einer Schüssel verrühren. Die Hefe in 4 Esslöffel lauwarmes Wasser bröckeln, mit einer Gabel verrühren und 1 Esslöffel der Mehlmischung unterrühren. Abdecken und diesen Vorteig ca. 5 Minuten ruhen lassen.

2. 200 ml lauwarmes Wasser, Öl und Kräuter zur Mehlmischung geben. Den Vorteig hinzugeben und alles mit den Knethaken des Handrührers verkneten. Dann mit den Händen kräftig durchkneten. Den Teig zu einer Kugel formen (falls er klebt, noch etwas Mehl hinzugeben) und mit einem feuchten Küchentuch abgedeckt ca. 1 Stunde an einem warmen Ort gehen lassen, bis sich sein Volumen verdoppelt hat.

3. Für die Füllung Zwiebel und Knoblauch schälen und fein hacken. Im heißen Öl andünsten, dann die passierten Tomaten und den Oregano hinzugeben. Bei geschlossenem Deckel 30 Minuten leicht köcheln lassen, dann den Deckel entfernen und die Mischung um die Hälfte einkochen lassen. Mit Salz, Pfeffer und Zucker würzen und abkühlen lassen. Alle Käsesorten klein hacken beziehungsweise reiben und in einer Schale mischen.

4. Die Backform mit Backpapier auslegen. Den Hefeteig kräftig durchkneten, dann auf einer bemehlten Arbeitsfläche ca. 30 x 50 cm groß ausrollen. Die Teigplatte dünn mit der Tomatensauce bestreichen, dann den Käse darauf verteilen und leicht festdrücken.

5. Die Teigplatte quer in 7 Streifen schneiden (ca. 30 x 7 cm). Diese mit der Füllung nach oben in 2 Stapeln übereinanderlegen. Diese Stapel jeweils quer in 4 Stücke schneiden (ca. 7,5 x 7 cm). Die Kastenform hochkant an die Wand lehnen und die Teigstücke mit der Füllung nach oben in die Kastenform stapeln. Wenn sie gefüllt ist, wieder gerade hinstellen, mit einem feuchten Küchentuch abdecken und weitere 30 Minuten gehen lassen. Den Backofen auf 180 °C vorheizen.

6 Auf der mittleren Schiene ca. 45 Minuten backen. Kurz in der Form ruhen lassen, dann aus der Form heben, etwas abkühlen lassen und am besten lauwarm genießen.

Zubereitungszeit
ca. 30 Minuten (plus Zeit zum Gehen, Kochen und Backen)
Pro Scheibe ca. 125 kcal/521 kJ
5 g E, 6 g F, 13 g KH

MONKEY BREAD

mit Salsiccia-Bällchen

FÜR CA. 14 STÜCKE (KRANZFORM 24 CM Ø)

FÜR DEN TEIG
400 g Weizenmehl (Type 550)
100 g Maismehl
½ Tl Zucker
2 Tl Salz
30 g Hefe
4 El Olivenöl
200 ml Mineralwasser

FÜR DIE FÜLLUNG
300 g Fenchel-Salsiccia
2 El Olivenöl

AUSSERDEM
Butter für die Form
Mehl für die Arbeitsfläche
80 g gesalzene Butter zum Einpinseln

Zubereitungszeit
ca. 45 Minuten (plus Zeit zum Gehen und Backen)
Pro Stück ca. 255 kcal/1069 kJ
8 g E, 12 g F, 27 g KH

1. Beide Mehlsorten mit Zucker und Salz in einer Schüssel verrühren. Die Hefe in 4 Esslöffel lauwarmes Wasser bröckeln, mit einer Gabel verrühren und 1 Esslöffel Mehl unterrühren. Abdecken und diesen Vorteig ca. 5 Minuten ruhen lassen.

2. Olivenöl, Mineralwasser und Vorteig zur Mehlmischung geben. Alles mit den Knethaken des Handrührers verkneten. Dann mit den Händen kräftig durchkneten. Den Teig zu einer Kugel formen (falls er klebt, noch etwas Mehl hinzugeben) und mit einem feuchten Küchentuch abgedeckt ca. 1 Stunde an einem warmen Ort gehen lassen, bis sich sein Volumen verdoppelt hat.

3. Für die Füllung die Salsiccia aus der Pelle drücken und aus der Masse 14 Bällchen formen. Diese im heißen Olivenöl rundum knusprig braun braten. Aus der Pfanne nehmen und abkühlen lassen.

4. Die Backform mit Butter einfetten. Den Hefeteig kräftig durchkneten, dann auf einer bemehlten Arbeitsfläche zu 2 Rollen à 30 cm formen. Aus den Rollen jeweils 7 etwa gleich große Scheiben abschneiden. Die Scheiben auf der Arbeitsfläche leicht ausrollen, in die Mitte ein Hackbällchen geben und das Bällchen jeweils mit dem Teig umschließen.

5. Die salzige Butter zerlassen, sodass sie gerade flüssig und lauwarm ist. Jedes Bällchen rundum mit der Butter bepinseln. In die Backform geben und alles mit einem Küchentuch bedeckt 1 weitere Stunde gehen lassen. Den Backofen auf 180 °C vorheizen.

6. Auf der mittleren Schiene ca. 45 Minuten backen. Kurz in der Form ruhen lassen, dann aus der Form stürzen und am besten lauwarm genießen.

PULL-APART-BREAD

mit grünem Spargel, Pinienkernen und Pancetta

FÜR CA. 28 SCHEIBEN (KASTENFORM 30 CM)

FÜR DEN TEIG
500 g Dinkelmehl
½ Tl Zucker
1 Tl Salz
30 g Hefe
5 El Olivenöl
210 ml Mineralwasser

FÜR DIE FÜLLUNG
250 g grüner Spargel
Salz
75 g Pinienkerne
150 g Pancetta (28 feine Scheiben)
150 g Provolone dolce
70 g Butter
Pfeffer

AUSSERDEM
Mehl für die Arbeitsfläche

1. Das Dinkelmehl mit Zucker und Salz in einer Schüssel verrühren. Die Hefe in 4 Esslöffel lauwarmes Wasser bröckeln, mit einer Gabel verrühren und 1 Esslöffel der Mehlmischung unterrühren. Abdecken und diesen Vorteig ca. 5 Minuten ruhen lassen.

2. Olivenöl und Mineralwasser zur Mehlmischung geben, den Vorteig hinzugeben und alles mit den Knethaken des Handrührers verkneten. Dann mit den Händen kräftig durchkneten. Den Teig zu einer Kugel formen (falls er klebt, noch etwas Mehl hinzugeben) und mit einem feuchten Küchentuch abgedeckt ca. 1 Stunde an einem warmen Ort gehen lassen, bis sich sein Volumen verdoppelt hat.

3. Für die Füllung den Spargel waschen, putzen und im unteren Drittel schälen. In leicht gesalzenem Wasser ca. 6 Minuten kochen, dann herausnehmen, abschrecken und abtropfen lassen. Von den Stangen die Spitzen in ca. 5 cm Länge abschneiden und beiseitelegen. Den restlichen Spargel in kleine Würfel schneiden. Die Pinienkerne in einer Pfanne ohne Fett goldgelb rösten, dann abkühlen lassen. Die Pancettascheiben portionsweise in einer Pfanne goldgelb braten, dann auf Küchenkrepp abtropfen lassen. Den Provolone reiben. Die Butter zerlassen, dann leicht abkühlen lassen.

4. Die Backform mit Backpapier auslegen. Den Hefeteig kräftig durchkneten, dann auf einer bemehlten Arbeitsfläche ca. 30 x 50 cm groß ausrollen. Die Teigplatte mit der gerade noch flüssigen Butter einpinseln. Darauf die Spargelwürfel, die Pinienkerne und den Provolone streuen. Mit Pfeffer würzen. Den Pancetta darauf verteilen.

5 Die Teigplatte quer in 7 Streifen schneiden (ca. 30 x 7 cm). Die Teigstreifen mit der Füllung nach oben in 2 Stapeln übereinanderlegen. Diese Stapel jeweils quer in 4 Stücke schneiden (ca. 7,5 x 7 cm). Die Kastenform hochkant an die Wand lehnen und die Teigstücke mit der Füllung nach oben in die Kastenform stapeln. Wenn sie gefüllt ist, wieder gerade hinstellen. Die Spargelspitzen in der Form verteilt hineinstecken, dann alles mit einem feuchten Küchentuch abdecken und weitere 30 Minuten gehen lassen. Den Backofen auf 180 °C vorheizen.

6 Auf der mittleren Schiene ca. 45 Minuten backen. Kurz in der Form ruhen lassen, dann aus der Form heben, etwas abkühlen lassen und am besten lauwarm genießen.

Zubereitungszeit
ca. 30 Minuten (plus Zeit zum Gehen und Backen)
Pro Scheibe ca. 154 kcal/647 kJ
5 g E, 9 g F, 13 g KH

GRAHAM-MONKEY-BREAD

mit Blauschimmelkäse und Birnenstückchen

FÜR CA. 14 STÜCKE (NAPFKUCHENFORM 22 CM Ø)

FÜR DEN TEIG

300 g Weizenmehl (Type 550)
200 g Grahammehl
½ Tl Zucker
1 Tl Salz
30 g Hefe
3 El Sonnenblumenöl
100 g Backpflaumen

FÜR DIE FÜLLUNG

250 g Roquefort
1 größere, noch feste Birne (z. B. Gellerts Butterbirne)
Salz
Pfeffer

AUSSERDEM

Butter für die Form
Mehl für die Arbeitsfläche
100 g gesalzene Butter zum Einpinseln

1. Beide Mehlsorten mit Zucker und Salz in einer Schüssel verrühren. Die Hefe in 4 Esslöffel lauwarmes Wasser bröckeln, mit einer Gabel verrühren und 1 Esslöffel Mehl unterrühren. Abdecken und diesen Vorteig ca. 5 Minuten ruhen lassen.

2. 200 ml lauwarmes Wasser, Sonnenblumenöl und Vorteig zur Mehlmischung geben. Die Backpflaumen vierteln und hinzugeben. Alles mit den Knethaken des Handrührers verkneten. Dann mit den Händen kräftig durchkneten. Den Teig zu einer Kugel formen (falls er klebt, noch etwas Mehl hinzugeben) und mit einem feuchten Küchentuch abgedeckt ca. 1 Stunde an einem warmen Ort gehen lassen, bis sich sein Volumen verdoppelt hat.

3. Den Roquefort hacken. Die Birne waschen, trocknen und vierteln. Das Kerngehäuse entfernen und das Fruchtfleisch in nicht zu kleine Würfel schneiden. Mit dem Roquefort mischen, alles salzen und pfeffern. Dann in 14 Portionen teilen.

4. Die Backform mit Butter einfetten. Den Hefeteig kräftig durchkneten, dann auf einer bemehlten Arbeitsfläche zu 2 Rollen à 30 cm formen. Aus den Rollen jeweils 7 etwa gleich große Scheiben abschneiden.

5. Die Scheiben auf der Arbeitsfläche leicht ausrollen und die Birnen-Roquefort-Mischung darauf verteilen. Die Füllung mit dem Teig umhüllen und zu Kugeln formen.

6 Die salzige Butter zerlassen, sodass sie gerade flüssig und lauwarm ist. Jedes Bällchen rundum mit der Butter bepinseln. In die Backform geben und alles mit einem Küchentuch bedeckt 1 weitere Stunde gehen lassen. Den Backofen auf 180 °C vorheizen.

7 Auf der mittleren Schiene ca. 45 Minuten backen. Kurz in der Form ruhen lassen, dann aus der Form stürzen und am besten lauwarm genießen.

Zubereitungszeit
ca. 45 Minuten (plus Zeit zum Gehen und Backen)
Pro Stück ca. 288 kcal/1207 kJ
7 g E, 16 g F, 29 g KH

GRIECHISCHES FINGERBROT

mit Feta, Oliven, Zwiebeln und Peperoni

FÜR CA. 24 STÜCKE (KASTENFORM 30 CM)

FÜR DEN TEIG

500 g Weizenmehl (Type 550)
½ Tl Zucker
1 Tl Salz
30 g Hefe
4 El Olivenöl
200 ml Mineralwasser

FÜR DIE FÜLLUNG

200 g Feta
120 g schwarze Oliven ohne Stein
5 grüne Peperoni aus dem Glas
1 rote Zwiebel
3 El frisch gehackte glatte Petersilie
Pfeffer

AUSSERDEM

Mehl für die Arbeitsfläche
Olivenöl zum Bepinseln

1. Mehl mit Zucker und Salz in einer Schüssel verrühren. Die Hefe in 4 Esslöffel lauwarmes Wasser bröckeln, mit einer Gabel verrühren und 1 Esslöffel der Mehlmischung unterrühren. Abdecken und diesen Vorteig ca. 5 Minuten ruhen lassen.

2. Olivenöl und Mineralwasser zur Mehlmischung geben, den Vorteig hinzugeben und alles mit den Knethaken des Handrührers verkneten. Dann mit den Händen kräftig durchkneten. Den Teig zu einer Kugel formen (falls er klebt, noch etwas Mehl hinzugeben) und mit einem feuchten Küchentuch abgedeckt ca. 1 Stunde an einem warmen Ort gehen lassen, bis sich sein Volumen verdoppelt hat.

3. Für die Füllung den Feta fein zerbröckeln. Oliven und Peperoni in Ringe schneiden. Die Zwiebel schälen, halbieren und in feine Streifen schneiden.

4. Die Backform mit Backpapier auslegen. Den Hefeteig kräftig durchkneten, dann auf einer bemehlten Arbeitsfläche ca. 28 x 60 cm groß ausrollen. Die Teigplatte zuerst dünn mit Olivenöl bepinseln, dann den Feta daraufstreuen. Oliven, Peperoni und Petersilie darauf verteilen und alles mit etwas Pfeffer würzen.

5. Nun den Teig in ca. 24 Rechtecke schneiden. Hierfür am besten den Teig der Länge nach halbieren, sodass man 2 Teile à 60 x 14 cm erhält. Diese Stücke jeweils in 6 Rechtecke à ca. 10 x 14 cm schneiden. Jedes Rechteck längs zusammenrollen, dann halbieren, sodass die Röllchen nun ca. 7 cm lang sind. Mit wenig Olivenöl bepinseln. Die Kastenform hochkant an die Wand lehnen und die Röllchen in die Kastenform legen. Wenn sie gefüllt ist, wieder gerade hinstellen, mit einem feuchten Küchentuch abdecken und weitere 30 Minuten gehen lassen. Den Backofen auf 180 °C vorheizen.

6 Auf der mittleren Schiene ca. 45 Minuten backen. Kurz in der Form ruhen lassen, dann aus der Form heben, etwas abkühlen lassen und am besten lauwarm genießen.

Zubereitungszeit
ca. 30 Minuten (plus Zeit zum Gehen und Backen)
Pro Stück ca. 124 kcal/521 kJ
4 g E, 5 g F, 16 g KH

PULL-APART-BREAD

mit Kapernbutter und Pinienkernen

FÜR CA. 28 SCHEIBEN (KASTENFORM 30 CM)

FÜR DEN TEIG

450 g Weizenmehl (Type 550)
½ Tl brauner Zucker
1 Tl Salz
30 g Hefe
50 g Butter
100 ml Weißwein
100 ml Mineralwasser

FÜR DIE FÜLLUNG

4 El Kapern aus dem Glas
175 g Butter
1 Tl abgeriebene Schale von 1 unbehandelten Zitrone
Pfeffer
Salz
75 g Pinienkerne

AUSSERDEM

Mehl für die Arbeitsfläche

1 Das Mehl mit Zucker und Salz in einer Schüssel verrühren. Die Hefe in 4 Esslöffel lauwarmes Wasser bröckeln, mit einer Gabel verrühren und 1 Esslöffel der Mehlmischung unterrühren. Abdecken und diesen Vorteig ca. 5 Minuten ruhen lassen.

2 Die Butter zerlassen, dann leicht abkühlen lassen. Weißwein, Mineralwasser und Butter zur Mehlmischung geben, den Vorteig hinzugeben und alles mit den Knethaken des Handrührers verkneten. Dann mit den Händen kräftig durchkneten. Den Teig zu einer Kugel formen (falls er klebt, noch etwas Mehl hinzugeben) und mit einem feuchten Küchentuch abgedeckt ca. 1 Stunde an einem warmen Ort gehen lassen, bis sich sein Volumen verdoppelt hat.

3 Für die Füllung die Kapern abtropfen lassen, dann hacken. Die Butter in Stücke schneiden und in einem Topf leicht erwärmen, bis sie weich ist. Vom Herd nehmen, die Kapern und die Zitronenschale unterrühren. Dann mit Pfeffer und Salz würzen. Die Pinienkerne in einer Pfanne ohne Fett goldgelb rösten. Vom Herd nehmen und abkühlen lassen.

4 Die Backform mit Backpapier auslegen. Den Hefeteig kräftig durchkneten, dann auf einer bemehlten Arbeitsfläche ca. 30 x 50 cm groß ausrollen. Die Teigplatte mit der Kapernbutter bestreichen und mit den Pinienkernen bestreuen. Die Kerne etwas andrücken.

5 Die Teigplatte quer in 7 Streifen schneiden (ca. 30 x 7 cm). Die Teigstreifen mit der Füllung nach oben in 2 Stapeln übereinanderlegen. Diese Stapel jeweils quer in 4 Stücke schneiden (ca. 7,5 x 7 cm).

6 Die Kastenform hochkant an die Wand lehnen und die Teigstücke mit der Füllung nach oben in die Kastenform stapeln. Wenn sie gefüllt ist, wieder gerade hinstellen, mit einem feuchten Küchentuch abdecken und weitere 30 Minuten gehen lassen. Den Backofen auf 180 °C vorheizen.

7 Auf der mittleren Schiene ca. 45 Minuten backen. Kurz in der Form ruhen lassen, dann aus der Form heben, leicht abkühlen lassen und am besten lauwarm genießen.

Zubereitungszeit
ca. 30 Minuten (plus Zeit zum Gehen und Backen)
Pro Scheibe ca. 133 kcal/557 kJ
2 g E, 8 g F, 13 g KH

OBAZDA-ÄHRENBROT

mit Camembert, Paprika und Kümmel

FÜR CA. 12 STÜCKE

FÜR DEN TEIG

400 g Weizenmehl (Type 550)
½ Tl Zucker
1 Tl Salz
30 g Hefe
120 ml Bier
4 El Olivenöl

FÜR DIE FÜLLUNG

1 Zwiebel
200 g Camembert
3 El weiche Butter
50 g Doppelrahmfrischkäse
1 Tl Kümmel
Salz
Pfeffer
1 Tl edelsüßes Paprikapulver

AUSSERDEM

Mehl für die Arbeitsfläche
50 g Butter zum Bepinseln

1. Mehl mit Zucker und Salz in einer Schüssel verrühren. Die Hefe in 8 Esslöffel lauwarmes Wasser bröckeln, mit einer Gabel verrühren und 2 Esslöffel Mehl unterrühren. Abdecken und diesen Vorteig ca. 5 Minuten ruhen lassen.

2. Bier, Olivenöl und Vorteig zur Mehlmischung geben. Alles mit den Knethaken des Handrührers verkneten. Dann mit den Händen kräftig durchkneten. Den Teig zu einer Kugel formen (falls er klebt, noch etwas Mehl hinzugeben) und mit einem feuchten Küchentuch abgedeckt ca. 1 Stunde an einem warmen Ort gehen lassen, bis sich sein Volumen verdoppelt hat.

3. Für die Füllung die Zwiebel schälen und fein hacken. Mit dem Camembert, der Butter und dem Frischkäse in eine Schüssel geben. Alles mit der Gabel zerdrücken und vermischen. Den Kümmel hacken, mit Salz, Pfeffer und Paprikapulver zur Käsemischung geben und unterrühren.

4. Ein Backblech mit Backpapier auslegen. Den Hefeteig kräftig durchkneten, dann auf einer bemehlten Arbeitsfläche ca. 50 x 20 cm groß

ausrollen. Den Obazda auf der Teigplatte verteilen, dabei einen Rand frei lassen. Von der schmalen Seite aufrollen, sodass eine 50 cm lange Rolle entsteht. Diese mit der Naht nach unten auf das Blech legen.

5 Die Rolle mit einem scharfen Messer auf einer Seite etwa alle 4 cm tief ein- aber nicht durchschneiden. Unten sollte die Rolle noch zu ca. ¼ cm dick zusammenhängen.

6 Jeden zweiten Teigabschnitt vorsichtig auf die gegenüberliegende Seite der Rolle legen. Von oben betrachtet, sieht die Rolle dann aus wie eine Roggenähre. Die Ähre an einem warmen Ort ca. 30 weitere Minuten gehen lassen. Währenddessen den Backofen auf 180 °C vorheizen.

7 Die Butter zum Bepinseln zerlassen. Die Brotoberfläche damit bestreichen und alles auf der mittleren Schiene ca. 45 Minuten backen. Herausnehmen und am besten lauwarm genießen.

Zubereitungszeit
ca. 40 Minuten (plus Zeit zum Gehen und Backen)
Pro Stück ca. 258 kcal/1081 kJ
9 g E, 12 g F, 26 g KH

BLITZBROTE

Perfekt, wenn's mal schnell gehen muss

ROGGENZUPFBROT

mit Frühlingszwiebeln, Petersilie und Greyerzer

FÜR 12 PORTIONEN

1 Roggenbrot (750 g)
300 g Greyerzer
5 Frühlingszwiebeln
8 Zweige glatte Petersilie
100 g Butter
Salz
Pfeffer

Zubereitungszeit
ca. 15 Minuten
(plus Zeit zum Backen)
Pro Portion ca. 306 kcal/1280 kJ
11 g E, 15 g F, 32 g KH

1. Den Backofen auf 180 °C vorheizen. Ein Backblech mit Backpapier auslegen. Das Roggenbrot etwa alle 2 cm rautenförmig sehr tief ein- aber nicht durchschneiden. Unten sollte das Brot 1–2 cm dick zusammenhängen. Das Brot auf das Backblech legen.

2. Den Greyerzer entrinden und in dünne Scheiben schneiden. Die Frühlingszwiebeln waschen, putzen und trocken tupfen. Das Weiße und Hellgrüne in dünne Ringe schneiden. Die Petersilie waschen, trocken tupfen und die Blätter hacken.

3. Die Butter zerlassen, Frühlingszwiebeln und Petersilie hineinrühren und die Mischung salzen und pfeffern.

4. Den Greyerzer in die Brotspalten stecken. Dafür die Scheiben gegebenenfalls passend zuschneiden. Die Buttermischung mit einem Teelöffel über dem Brot und in den Spalten verteilen. Das Brot mit Alufolie bedecken und ca. 30 Minuten backen. Nach 20 Minuten die Folie entfernen, damit das Brot schön knusprig wird.

CIABATTAZUPFBROT

mit Kapern, Sardellen und Mozzarella

FÜR 8 PORTIONEN

1 Ciabatta zum Aufbacken
2 Kugeln Mozzarella
6 Sardellen
1 kleines Glas Kapern
70 g Butter
Salz
Pfeffer

Zubereitungszeit
ca. 15 Minuten
(plus Zeit zum Backen)
Pro Portion ca. 225 kcal/1443 kJ
10 g E, 13 g F, 18 g KH

1. Den Backofen auf 200 °C vorheizen. Ein Backblech mit Backpapier auslegen. Das Ciabatta rautenförmig alle 2 cm tief ein- aber nicht durchschneiden. Auf das Blech legen.

2. Den Mozzarella abtropfen lassen und hacken. Die Sardellen gut unter fließendem Wasser abspülen. Trocken tupfen und hacken. Die Kapern in ein Sieb gießen, abtropfen lassen und ebenfalls hacken.

3. Die Butter in einer kleinen Pfanne zerlassen. Kapern und Sardellen hinzugeben und alles 5 Minuten sanft köcheln lassen. Teelöffelweise in den Ciabatta-Spalten verteilen, dann den Mozzarella in die Spalten stecken.

4. Auf der mittleren Schiene nach Packungsanweisung ca. 20 Minuten backen. Kurz abkühlen lassen, dann lauwarm genießen.

TIPP: Sie können das Brot selbstverständlich auch mit bereits gebackenem Ciabatta zubereiten. Bedecken Sie dieses dann nur mit Alufolie und nehmen Sie diese erst 5 Minuten vor Backzeitende ab. So bleibt das Brot knusprig, ohne zu verbrennen.

SCHNITTLAUCH-ZUPFBROT

mit Butterkäse

FÜR 12 PORTIONEN

1 Sauerteigbrot (750 g)
100 g weiche Butter
1 Knoblauchzehe
3 Bund Schnittlauch
Salz
Pfeffer
250 g Butterkäse

Zubereitungszeit
ca. 15 Minuten
(plus Zeit zum Backen)
Pro Portion ca. 333 kcal/1392 kJ
11 g E, 12 g F, 42 g KH

1. Den Backofen auf 180 °C vorheizen. Ein Backblech mit Backpapier auslegen. Das Mischbrot etwa alle 2 cm rautenförmig sehr tief ein- aber nicht durchschneiden. Unten sollte das Brot 1–2 cm dick zusammenhängen. Das Brot auf das Backblech legen.

2. Die Butter in eine Schale geben. Knoblauch schälen und durch eine Presse in die Butter drücken. Schnittlauch waschen, trocken tupfen und in Röllchen schneiden. Ebenfalls zur Butter geben. Die Mischung mit einer Gabel zerdrücken und mit Salz und Pfeffer würzen. Den Butterkäse in dünne Scheiben schneiden.

3. Die Knoblauchbutter vorsichtig in die Brotspalten streichen. Den Butterkäse hineinstecken und das Brot mit Alufolie abdecken. Für etwa 30 Minuten backen. Nach 20 Minuten die Folie entfernen, damit das Brot schön knusprig wird.

SALAMI-ZUPFBROT

mit Parmesan und Petersilie

FÜR 8 PORTIONEN

1 rundes Schweizer Brot (500 g)
100 g weiche Butter
½ Bund glatte Petersilie
1 Knoblauchzehe
Salz
Pfeffer
100 g Parmesan
100 g italienische Salami (z. B. Mailänder) in dünnen Scheiben

Zubereitungszeit
ca. 15 Minuten
(plus Zeit zum Backen)
Pro Portion ca. 286 kcal/1198 kJ
12 g E, 14 g F, 29 g KH

1. Den Backofen auf 180 °C vorheizen. Ein Backblech mit Backpapier auslegen. Das Schweizer Brot etwa alle 2 cm rautenförmig sehr tief ein- aber nicht durchschneiden. Unten sollte das Brot 1–2 cm dick zusammenhängen. Das Brot auf das Backblech legen.
2. Die Butter in eine Schale geben. Die Petersilie waschen, trocken tupfen und die Blättchen hacken. Zur Butter geben. Knoblauch schälen und durch eine Presse in die Butter drücken. Die Mischung mit einer Gabel zerdrücken und mit Salz und Pfeffer würzen. Den Parmesan reiben. Die Salami in etwa 2 cm breite Streifen schneiden.
3. Die Kräuterbutter vorsichtig in die Brotspalten streichen. Den Parmesan gleichmäßig in die Spalten streuen. Die Salamistreifen hineinstecken.
4. Das Brot mit Alufolie abdecken. Für etwa 30 Minuten backen. Nach 20 Minuten die Folie entfernen, damit das Brot schön knusprig wird.

BÄRLAUCHBUTTER-ZUPFBROT

mit Pinienkernen und Gouda

FÜR 8 PORTIONEN

1 rundes Mischbrot (500 g)
50 g Pinienkerne
½ Bund Bärlauch
100 g weiche Butter
Salz
Pfeffer
200 g junger Gouda in Scheiben

Zubereitungszeit
ca. 15 Minuten
(plus Zeit zum Backen)
Pro Portion ca. 328 kcal/1373 kJ
12 g E, 19 g F, 29 g KH

1. Den Backofen auf 180 °C vorheizen. Ein Backblech mit Backpapier auslegen. Das Mischbrot etwa alle 2 cm rautenförmig sehr tief ein- aber nicht durchschneiden. Unten sollte das Brot 1–2 cm dick zusammenhängen. Das Brot auf das Backblech legen.

2. Die Pinienkerne in einer Pfanne ohne Fett goldgelb rösten, dann vom Herd nehmen. Den Bärlauch waschen, trocken tupfen und die Blätter fein hacken. Mit der weichen Butter in eine Schale geben. Die Butter-Bärlauch-Mischung mit Salz und Pfeffer kräftig würzen. Vom Gouda die Rinde entfernen und die Scheiben in Streifen schneiden.

3. Die Bärlauchbutter vorsichtig in die Brotspalten streichen. Den Gouda gleichmäßig in die Spalten verteilen. Die Pinienkerne hineinstreuen. Das Brot mit Alufolie abdecken. Für etwa 30 Minuten backen. Nach 20 Minuten die Folie entfernen, damit das Brot schön knusprig wird.

BLUE-CHEESE-ZUPFBROT

mit Pflaumenwürfeln

FÜR 16 PORTIONEN

1 Walnussbrot (750 g)
100 g weiche Butter
1 Bund Schnittlauch
Salz
Pfeffer
150 g Backpflaumen
200 g Blauschimmelkäse (z. B. Roquefort)

Zubereitungszeit
ca. 15 Minuten
(plus Zeit zum Backen)
Pro Portion ca. 207 kcal/864 kJ
5 g E, 12 g F, 20 g KH

1. Den Backofen auf 180 °C vorheizen. Ein Backblech mit Backpapier auslegen. Das Walnussbrot etwa alle 2 cm rautenförmig sehr tief ein- aber nicht durchschneiden. Unten sollte das Brot 1–2 cm dick zusammenhängen. Das Brot auf das Backblech legen.

2. Die Butter in einer Pfanne zerlassen. Den Schnittlauch waschen, trocken tupfen und in Röllchen schneiden. Zur Butter geben, gut verrühren und mit Salz und Pfeffer kräftig würzen. Die Buttermischung auf die Brotoberfläche und in die Spalten streichen.

3. Die Backpflaumen und den Blauschimmelkäse hacken. In den Brotspalten verteilen. Dann das Brot mit Alufolie abdecken. Für etwa 30 Minuten backen. Nach 20 Minuten die Folie entfernen, damit das Brot schön knusprig wird.

PESTO-NERO-ZUPFBROT

mit Mozzarella

FÜR 8 PORTIONEN

1 Baguette (350 g)
3 Kugeln Mozzarella
40 g Walnusskerne
30 g Parmesan
1 Knoblauchzehe
50 g schwarze Oliven (ohne Stein)
1 getrocknete Chilischote
1 Msp. abgeriebene Schale von
1 unbehandelten Zitrone
8 El Olivenöl

Zubereitungszeit
ca. 15 Minuten
(plus Zeit zum Backen)
Pro Portion ca. 387 kcal/1621 kJ
14 g E, 27 g F, 22 g KH

1. Den Backofen auf 180 °C vorheizen. Ein Backblech mit Backpapier auslegen. Das Baguette zuerst längs alle 2 cm tief ein- aber nicht durchschneiden. Dann quer ebenfalls in 2 cm Abstand tief einschneiden. Auf das Blech legen.

2. Den Mozzarella abtropfen lassen und hacken. Die Walnüsse grob hacken, den Parmesan reiben. Knoblauch schälen und in Scheiben schneiden.

3. Walnüsse, Parmesan, Knoblauch, Oliven, Chilischote und Zitronenabrieb in ein Püriergefäß geben. Das Olivenöl hinzugießen und alles zu einer Paste mixen.

4. Die Paste in die Brotspalten streichen, den Mozzarella ebenfalls in den Spalten verteilen. Das Baguette mit Alufolie bedecken und ca. 20 Minuten backen. 5 Minuten vor Garzeitende die Alufolie entfernen und das Brot knusprig backen. Kurz abkühlen lassen, dann lauwarm genießen.

SCHINKEN-ZUPFBROT

mit Petersilie und Bergkäse

FÜR 12 PORTIONEN

1 Bauernbrot (500 g)
100 g Schwarzwälder Schinken am Stück
1 El Rapsöl
200 g Bergkäse in Scheiben
½ Bund glatte Petersilie
100 g Butter
Salz
Pfeffer

Zubereitungszeit
ca. 15 Minuten
(plus Zeit zum Backen)
Pro Portion ca. 220 kcal/923 kJ
8 g E, 13 g F, 18 g KH

1. Den Backofen auf 180 °C vorheizen. Ein Backblech mit Backpapier auslegen. Das Bauernbrot etwa alle 2 cm rautenförmig sehr tief ein- aber nicht durchschneiden. Unten sollte das Brot 1–2 cm dick zusammenhängen. Das Brot auf das Backblech legen.

2. Den Schwarzwälder Schinken in kleine Würfel schneiden. Das Rapsöl erhitzen und die Schinkenwürfel kross braten. Auf Küchenkrepp geben, abtropfen und abkühlen lassen.

3. Vom Bergkäse die Rinde entfernen und den Käse in Streifen schneiden. Die Petersilie waschen, trocken tupfen und die Blätter hacken.

4. Die Butter zerlassen, die Petersilie hineinrühren. Die Mischung mit Salz und Pfeffer kräftig würzen. Die Buttermischung auf die Brotoberfläche und in die Spalten streichen. Den Bergkäse hineinstecken und die Schinkenwürfel darauf verteilen.

5. Dann das Brot mit Alufolie abdecken. Für etwa 30 Minuten backen. Nach 20 Minuten die Folie entfernen, damit das Brot schön knusprig wird.

TOMATEN-ZUPFBROT

mit Pinienkernen und Provolone dolce

FÜR 8 PORTIONEN

1 rundes Schweizer Brot (500 g)
1 Bund Oregano
100 g getrocknete Tomaten in Öl
Salz
Pfeffer
75 g Pinienkerne
200 g Provolone dolce in Scheiben

Zubereitungszeit
ca. 15 Minuten
(plus Zeit zum Backen)
Pro Portion ca. 320 kcal/1342 kJ
13 g E, 16 g F, 30 g KH

1. Den Backofen auf 180 °C vorheizen. Ein Backblech mit Backpapier auslegen. Das Schweizer Brot etwa alle 2 cm rautenförmig sehr tief ein- aber nicht durchschneiden. Unten sollte das Brot 1–2 cm dick zusammenhängen. Das Brot auf das Backblech legen.

2. Oregano waschen, trocken tupfen und die Blättchen hacken. In eine Schale geben. Die getrockneten Tomaten abgießen (das Öl auffangen) und hacken. Mit 2 Esslöffeln des Tomatenöls zum Oregano geben. Die Mischung salzen und pfeffern.

3. Die Pinienkerne in einer Pfanne ohne Fett goldgelb rösten, dann beiseitestellen. Die Provolonescheiben in Streifen schneiden. Diese in den Spalten verteilen. Dann das Kräuteröl vorsichtig in die Brotspalten träufeln und die Pinienkerne hineinstreuen.

4. Das Brot mit Alufolie abdecken. Fur etwa 30 Minuten backen. Nach 20 Minuten die Folie entfernen, damit das Brot schön knusprig wird.

SONNENBLUMENKERN-ZUPFBROT

mit Pistou und Ziegenkäse

FÜR 16 PORTIONEN

1 Sonnenblumenbrot (750 g)
2 Tomaten
1 Bund Basilikum
2 Knoblauchzehen
80 ml Olivenöl
Salz
Pfeffer
200 g schnittfester Ziegenkäse in Scheiben
1 Kugel Mozzarella

Zubereitungszeit
ca. 15 Minuten
(plus Zeit zum Backen)
Pro Portion ca. 204 kcal/855 kJ
7 g E, 12 g F, 15 g KH

1. Den Backofen auf 180 °C vorheizen. Ein Backblech mit Backpapier auslegen. Das Sonnenblumenbrot etwa alle 2 cm rautenförmig sehr tief ein- aber nicht durchschneiden. Unten sollte das Brot 1–2 cm dick zusammenhängen. Das Brot auf das Backblech legen.

2. Die Tomaten putzen, kreuzweise einschneiden und etwa 1 Minute blanchieren. Dann häuten, entkernen und das Fruchtfleisch würfeln. Basilikum waschen, trocken tupfen und die Blätter abzupfen. Knoblauch schälen und in Scheiben schneiden. Basilikum und Knoblauch mit dem Olivenöl pürieren. Salzen, pfeffern und die Tomatenwürfel unterrühren.

3. Vom Ziegenkäse die Rinde entfernen und die Scheiben in Streifen schneiden. Mozzarella abtropfen lassen und hacken. Die Ziegenkäsestreifen in die Brotspalten stecken. Den Mozzarella darauf verteilen, dann das Pistou über das Brot geben und in die Spalten streichen.

4. Das Brot mit Alufolie abdecken. Für etwa 30 Minuten backen. Nach 20 Minuten die Folie entfernen, damit das Brot schön knusprig wird.

CAMEMBERT-ZUPFBROT

mit Preiselbeerfüllung

FÜR 4 PORTIONEN

1 Baguette (350 g)
200 g reifer Camembert
60 g Butter
60 g Preiselbeeren aus dem Glas
Pfeffer
Salz

Zubereitungszeit
ca. 15 Minuten
(plus Zeit zum Backen)
Pro Portion ca. 445 kcal/1860 kJ
17 g E, 22 g F, 45 g KH

1. Den Backofen auf 180 °C vorheizen. Ein Backblech mit Backpapier auslegen. Das Laugenbaguette zuerst längs alle 2 cm tief ein- aber nicht durchschneiden. Dann quer ebenfalls in 2 cm Abstand tief einschneiden. Auf das Blech legen.

2. Den Camembert in Streifen schneiden. Die Butter zerlassen und mit den Preiselbeeren verrühren. Die Mischung kräftig pfeffern und leicht salzen.

3. Die Camembertstreifen in die Brotspalten stecken. Die Preiselbeer-Butter-Mischung darauf verteilen. Das Baguette mit Alufolie bedecken und ca. 20 Minuten backen. 5 Minuten vor Garzeitende die Alufolie entfernen und das Brot knusprig backen. Kurz abkühlen lassen, dann lauwarm genießen.

TIPP: Das Zupfbrot schmeckt auch toll, wenn man es mit einem Laugenbaguette zubereitet.

SÜSSE PULL-APART-BREADS

Zupfbrote mit Cremes, Früchten & Schokolade

PULL-APART-BREAD

mit Zimt und Zucker

FÜR CA. 28 SCHEIBEN (KASTENFORM 30 CM)

FÜR DEN TEIG
200 ml Milch
1 Würfel Hefe (42 g)
500 g Weizenmehl (Type 405)
80 g Zucker
1 Prise Salz
1 Ei
80 g weiche Butter

FÜR DIE FÜLLUNG
150 g weiche Butter
120 g brauner Zucker
2 P. Vanillezucker
2 Tl Zimt
1 Msp. Kardamom

AUSSERDEM
Mehl für die Arbeitsfläche
1 Ei
2 El Milch
1 Tl Puderzucker

Zubereitungszeit
ca. 30 Minuten (plus Zeit zum Gehen und Backen)
Pro Scheibe ca. 157 kcal/658 kJ
3 g E, 6 g F, 21 g KH

1 Milch erwärmen, Hefe zerbröckeln und in der lauwarmen Milch auflösen. Mehl, Zucker und Salz in einer Schüssel vermischen, dann die Hefemilch, Ei und Butter mit den Knethaken des Handrührgeräts zügig untermischen. Anschließend mit bemehlten Händen weiterkneten, bis ein geschmeidiger Teig entsteht. Die Schüssel mit einem feuchten Küchentuch abdecken und den Teig an einem warmen Ort ca. 1 Stunde gehen lassen, bis sich sein Volumen verdoppelt hat.

2 Für die Füllung Butter, Zucker, Vanillezucker, Zimt und Kardamom cremig rühren.

3 Die Backform mit Backpapier auslegen. Den Hefeteig auf einer bemehlten Arbeitsfläche noch einmal kräftig durchkneten und ca. 30 x 50 cm groß ausrollen. Die Teigplatte mit der Buttermischung gleichmäßig bestreichen und anschließend in ca. 7 x 7,5 cm große Rechtecke schneiden. Die Kastenform hochkant an die Wand lehnen und die Teigstücke mit der Füllung nach oben in der Kastenform stapeln. Wenn die Form gefüllt ist, wieder gerade hinstellen. Mit einem feuchten Küchentuch abdecken und weitere 30 Minuten ruhen lassen. Den Backofen auf 180 °C vorheizen.

4 Das Ei mit Milch und Puderzucker verquirlen und die Teigoberfläche gleichmäßig damit bestreichen. Auf der mittleren Schiene ca. 45 Minuten backen. Anschließend kurz in der Form ruhen lassen, dann aus der Form heben, etwas abkühlen lassen und am besten lauwarm genießen.

TIPP: Wer es saftiger mag, kann 2 fein geriebene Äpfel unter die Füllung mischen: 2 Äpfel schälen, Gehäuse entfernen und das Fruchtfleisch sehr fein reiben. 1 Esslöffel Zitronensaft unterrühren, damit die Äpfel nicht braun werden. Anschließend unter die Butterfüllung mischen.

MONKEY BREAD

mit Aprikosen-Nuss-Kern

FÜR CA. 16 STÜCKE (GUGELHUPFFORM 24 CM Ø)

FÜR DEN TEIG

180 ml Milch
25 g Hefe
250 g Weizenmehl (Type 550)
200 g Dinkelmehl (Type 630)
50 g Zucker
1 Prise Salz
1 Ei
70 g weiche Butter

FÜR DIE FÜLLUNG

75 g Butter
150 g Aprikosen
150 g Aprikosenmarmelade
100 g brauner Zucker
16 Cashewkerne

AUSSERDEM

Butter für die Form
Mehl für die Arbeitsfläche
75 g Butter
50 g brauner Zucker

1. Milch erwärmen, Hefe zerbröckeln und in der lauwarmen Milch auflösen. Beide Mehlsorten, Zucker und Salz in einer Schüssel vermischen, dann die Hefemilch, das Ei und die Butter hinzugeben. Mit den Knethaken des Handrührgeräts untermischen. Anschließend mit bemehlten Händen weiterkneten, bis ein geschmeidiger Teig entsteht. Die Schüssel mit einem feuchten Küchentuch abdecken. Den Teig an einem warmen Ort ca. 1 Stunde gehen lassen, bis sich sein Volumen verdoppelt hat.

2. Für die Füllung die Butter in einem Topf zerlassen, leicht bräunen und beiseitestellen. Aprikosen waschen, trocknen, die Steine entfernen und das Fruchtfleisch in kleine Stücke schneiden. Die Marmelade mit 3 Esslöffeln Wasser in einem Topf erhitzen und die Aprikosenstücke mit dem Zucker unterrühren. Aufkochen und kurz köcheln lassen, dann vom Herd nehmen. Die braune Butter unterrühren und alles vollständig abkühlen lassen.

3. Die Backform mit Butter einfetten. Den Hefeteig kräftig durchkneten, dann auf einer bemehlten Arbeitsfläche zu 2 Rollen à 24 cm formen. Von den Rollen jeweils 8 gleich dicke Scheiben schneiden. Die Scheiben auf der Arbeitsfläche leicht ausrollen. Die Aprikosenmischung in Klecksen jeweils in die Mitte setzen und einen Cashewkern dazugeben. Mit dem Teig umhüllen und zu Kugeln formen.

4 Die Butter zerlassen und auf einen Suppenteller geben. Den restlichen braunen Zucker auf einen weiteren Teller geben. Anschließend die Teigkugeln zuerst in der Butter, dann im braunen Zucker wenden und nach und nach in der Form verteilen. Mit einem feuchten Küchentuch abdecken und 1 weitere Stunde gehen lassen. Den Backofen auf 180 °C vorheizen.

5 Auf der mittleren Schiene ca. 45 Minuten backen. Anschließend kurz in der Form ruhen lassen, dann stürzen, leicht abkühlen lassen und am besten lauwarm genießen.

Zubereitungszeit
ca. 45 Minuten (plus Zeit zum Gehen, Abkühlen und Backen)
Pro Stück ca. 285 kcal/1192 kJ
5 g E, 11 g F, 41 g KH

FINGERBROT

mit Haselnüssen und Honig

FÜR CA. 60 STÜCKE (SPRINGFORM 22 CM Ø)

FÜR DEN TEIG

470 g Weizenmehl (Type 405)
3 El gemahlene Haselnüsse
100 g Zucker, 1 P. Vanillezucker
1 Prise Salz
1 P. Trockenhefe (7 g)
90 g Butter
150 ml Milch
1 Tl abgeriebene Schale von 1 unbehandelten Zitrone
1 Ei

FÜR DIE FÜLLUNG

150 g gehackte Haselnüsse
100 g weiche Butter
80 g Honig
1 Ei
2 Tl Rum

AUSSERDEM

Butter für die Form
Mehl für die Arbeitsfläche
100 g weiche Butter
2 El Honig, 2 El Sahne

Zubereitungszeit

ca. 40 Minuten (plus Zeit zum Gehen und Backen)
Pro Stück ca. 95 kcal/398 kJ
2 g E, 5 g F, 10 g KH

1. Das Mehl mit Haselnüssen, Zucker, Vanillezucker, Salz und der Trockenhefe vermischen. Die Butter zerlassen, die Milch dazugießen und darin leicht erwärmen. Die Milchmischung zusammen mit der Zitronenschale und dem Ei zur Mehlmischung geben. Mit den Knethaken des Handrührgeräts zu einem glatten, geschmeidigen Teig verarbeiten. Die Schüssel mit einem feuchten Tuch abdecken und den Teig an einem warmen Ort etwa 1 Stunde gehen lassen, bis sich sein Volumen verdoppelt hat.

2. Für die Füllung die Haselnüsse in einer Pfanne ohne Fett unter Rühren goldbraun rösten und abkühlen lassen. Die Butter zerlassen, vom Herd nehmen und den Honig einrühren. Ei und Rum darunterrühren.

3. Die Backform mit Butter einfetten. Den Teig auf einer bemehlten Arbeitsfläche noch einmal kurz durchkneten und zu einem Rechteck von etwa 60 x 28 cm ausrollen. Den Teig mit der Buttermischung bestreichen und die Haselnüsse daraufstreuen. Leicht andrücken. Den Teig einmal der Länge nach durchschneiden und die 2 Hälften jeweils in 14 cm lange und ca. 2 cm breite Streifen schneiden. Jeden Streifen zusammenklappen, sodass die Teigstücke ca. 7 x 2 cm messen.

4. Die Butter schmelzen, Honig in der Butter auflösen, die Sahne unterrühren und die Teigstücke rundum damit bepinseln. Mit der offenen Seite nach oben nebeneinander in die Form setzen. Mit einem feuchten Küchentuch abdecken und weitere 30 Minuten ruhen lassen. Den Backofen auf 180 °C vorheizen.

5. Auf der mittleren Schiene ca. 40 Minuten backen. Anschließend kurz in der Form ruhen lassen, dann aus der Form lösen, etwas abkühlen lassen und lauwarm genießen.

FALTENBROT

mit Kakao-Dattel-Paste

FÜR CA. 18 STÜCKE (KRANZFORM 22 CM Ø)

FÜR DEN TEIG
180 ml Milch
25 g Hefe
350 g Weizenmehl (Type 550)
100 g Weizenmehl (Type 1050)
90 g Rohrohrzucker
½ Tl Zimt
1 Prise Salz
1 Ei
50 g weiche Butter

FÜR DIE FÜLLUNG
100 g Butter
200 g Datteln ohne Kern
150 g Mandeln
1 El Kakaopulver
2 El Sonnenblumenöl

AUSSERDEM
Butter für die Form
Mehl für die Arbeitsfläche
etwas Sahne zum Bepinseln
Puderzucker zum Bestäuben

Zubereitungszeit
ca. 30 Minuten (plus Zeit zum Gehen und Backen)
Pro Stück ca. 266 kcal/1112 kJ
6 g E, 12 g F, 32 g KH

1. Die Milch leicht erwärmen. Hefe zerbröckeln und in der lauwarmen Milch auflösen. Beide Mehlsorten, Zucker, Zimt und Salz in einer Schüssel vermischen. Hefemilch, Ei und Butter hinzugeben und mit den Knethaken des Handrührgeräts zügig untermischen. Anschließend mit bemehlten Händen weiterkneten, bis ein geschmeidiger Teig entsteht. Die Schüssel mit einem feuchten Küchentuch abdecken. Den Teig an einem warmen Ort ca. 1 Stunde gehen lassen, bis sich sein Volumen verdoppelt hat.

2. Für die Füllung die Butter zerlassen. Dann alle Zutaten pürieren und zu einer weichen Masse vermischen.

3. Die Backform mit Butter einfetten. Den Hefeteig auf einer bemehlten Arbeitsfläche noch einmal kräftig durchkneten und ca. 36 x 60 cm groß ausrollen. Die Füllung gleichmäßig daraufstreichen. Anschließend den Teig von der schmalen Seite her in 6 Streifen schneiden und die Streifen in jeweils 3 Stücke unterteilen, sodass die einzelnen Stücke ca. 6 x 20 cm groß sind. Die Stücke in z-förmige Falten legen und nicht zu eng nebeneinander hochkant in die Form setzen, bis sie gleichmäßig gefüllt ist. Mit einem feuchten Küchentuch abdecken und weitere 30 Minuten ruhen lassen. Den Backofen auf 180 °C vorheizen.

4. Die Oberfläche mit etwas Sahne bestreichen und auf der mittleren Schiene ca. 40 Minuten backen. Anschließend kurz in der Form ruhen lassen, dann stürzen und wieder umdrehen. Etwas abkühlen lassen, mit Puderzucker bestäuben und lauwarm genießen.

PULL-APART-BREAD

mit Zitronenbutter

FÜR CA. 32 SCHEIBEN (GUGELHUPFFORM 24 CM Ø)

FÜR DEN TEIG

200 ml Milch
1 Würfel Hefe (42 g)
470 g Weizenmehl (Type 405)
50 g Speisestärke, 120 g Zucker
1 Prise Salz, 1 Ei
50 g weiche Butter
4 El Sonnenblumenöl
1 El abgeriebene Schale von 1 unbehandelten Zitrone

FÜR DIE FÜLLUNG

2 unbehandelte Zitronen
180 g weiche Butter
150 g Puderzucker

FÜR DIE ZITRONENGLASUR

6 El Puderzucker, 1 El Zitronensaft
1 El Zitronenlikör, 1 El gehackte Pistazien zum Bestreuen

AUSSERDEM

Butter für die Form
Mehl für die Arbeitsfläche

Zubereitungszeit

ca. 30 Minuten (plus Zeit zum Gehen, Backen und Abkühlen)
Pro Scheibe ca. 164 kcal/685 kJ
2 g E, 7 g F, 23 g KH

1. Die Milch erwärmen, Hefe zerbröckeln und in der lauwarmen Milch auflösen. Mehl, Stärke, Zucker und Salz in einer Schüssel vermischen. Hefemilch, Ei, Butter, Öl und die Zitronenschale mit den Knethaken des Handrührgeräts zügig untermischen. Anschließend mit bemehlten Händen weiterkneten, bis ein geschmeidiger Teig entsteht. Die Schüssel mit einem feuchten Küchentuch abdecken und den Teig an einem warmen Ort ca. 1 Stunde gehen lassen, bis sich sein Volumen verdoppelt hat.

2. Für die Füllung die Zitronen heiß abwaschen, trocken reiben und 2 Teelöffel Schale fein abreiben. Den Saft von 1 ½ Früchten auspressen. Die Butter mit den Quirlen eines Handrührgeräts schaumig aufschlagen. Zitronenschale und -saft mit dem Puderzucker unter die Butter quirlen.

3. Die Backform mit Butter einfetten. Den Hefeteig auf einer bemehlten Arbeitsfläche noch einmal kräftig durchkneten und ca. 30 x 52 cm groß ausrollen. Die Teigplatte gleichmäßig mit der Zitronenbutter bestreichen.

4. Die Teigplatte in ca. 6,5 x 7,5 cm große Rechtecke schneiden. Die Teigstücke mit der Füllung nach oben aufeinanderstapeln und portionsweise hochkant in die Gugelhupfform setzen. Wenn sie gleichmäßig gefüllt ist, mit einem feuchten Küchentuch abdecken und weitere 30 Minuten ruhen lassen. Den Backofen auf 180 °C vorheizen.

5. Auf der mittleren Schiene ca. 45 Minuten backen. Anschließend kurz in der Form ruhen lassen, dann stürzen und auf einem Kuchengitter abkühlen lassen. Für die Glasur Puderzucker, Zitronensaft und Zitronenlikör vermischen und in Streifen über das Pull-apart-Bread ziehen. Mit den Pistazien bestreuen und servieren.

WEIHNACHTS-PULL-APART-BREAD

mit kandierten Früchten

FÜR CA. 49 SCHEIBEN (KRANZFORM 22 CM Ø)

FÜR DEN TEIG

3 El grob gehackte Haselnüsse
3 El grob gehackte Mandeln
450 g Weizenmehl (Type 405)
100 g brauner Zucker
1 P. Vanillezucker
1 Prise Salz
½ Tl gemahlener Anis
1 P. Trockenhefe (7 g)
80 g weiche Butter
150 ml Milch
1 Ei

FÜR DIE FÜLLUNG

2 unbehandelte Orangen
50 g getrocknete Apfelscheiben
100 g getrocknete Aprikosen
50 g Sultaninen
1 Tl Zimt
350 ml Apfelsaft
150 g weiche Butter
3 El Honig
30 g brauner Zucker
1 El Rum
20 g kandierter Ingwer
20 g kandierte Kirschen
20 g Orangeat

1. Haselnüsse und Mandeln in einer Pfanne ohne Fett unter Rühren goldbraun rösten, dann abkühlen lassen. Das Mehl mit der Nussmischung, Zucker, Vanillezucker, Salz, Anis und der Trockenhefe vermischen. Die Butter zerlassen, die Milch dazugießen und leicht erwärmen. Die lauwarme Milchmischung und das Ei zur Mehlmischung geben. Mit den Knethaken des Handrührgeräts zu einem glatten, geschmeidigen Teig verkneten. Anschließend mit einem feuchten Tuch abdecken und den Teig an einem warmen Ort etwa 1 Stunde gehen lassen, bis sich sein Volumen verdoppelt hat.

2. Für die Füllung die Orangen heiß abwaschen und trocknen. Die Schale fein abreiben und den Saft auspressen. Alle Trockenfrüchte in etwa 0,5 cm große Stücke schneiden. Orangensaft, -schale, Zimt und Apfelsaft mit den getrockneten Äpfeln und der Hälfte der Aprikosen in einem Topf zum Kochen bringen und ca. 20 Minuten köcheln lassen, bis die Früchte weich sind und die Flüssigkeit etwas eingekocht ist. Etwas abkühlen lassen. Die Butter mit dem Honig glatt rühren und anschließend die Apfelmischung, den Zucker und den Rum unterrühren.

3. Die Backform mit Butter einfetten. Den Teig auf einer bemehlten Arbeitsfläche noch einmal kurz durchkneten und zu einem Quadrat von etwa 49 x 49 cm ausrollen. Den Teig mit der Füllung bestreichen, die kandierten Früchte etwas zerkleinern, gleichmäßig darauf verteilen und leicht festdrücken. Die Teigplatte anschließend in ca. 7 x 7 cm große Quadrate schneiden. Mit der Füllung nach oben aufeinanderstapeln und dann portionsweise hochkant in die Kranzform setzen. Mit einem feuchten Küchentuch abdecken und weitere 30 Minuten ruhen lassen. Den Backofen auf 180 °C vorheizen.

AUSSERDEM

Butter für die Form
Mehl für die Arbeitsfläche
1 Ei zum Bestreichen
2 El gehackte Mandeln
zum Bestreuen

Zubereitungszeit
ca. 45 Minuten (plus Zeit zum Gehen und Backen)
Pro Scheibe ca. 106 kcal/441 kJ
2 g E, 4 g F, 14 g KH

4 Das Ei verquirlen und den Kuchen damit bestreichen, die Mandeln darüberstreuen und auf der mittleren Schiene ca. 45 Minuten backen. Anschließend kurz in der Form ruhen lassen, dann aus der Form lösen, etwas abkühlen lassen und am besten lauwarm genießen.

PULL-APART-BREAD

mit Mohnfüllung

FÜR CA. 28 SCHEIBEN (KASTENFORM 30 CM)

FÜR DEN TEIG

180 ml Milch
1 Würfel Hefe (42 g)
470 g Weizenmehl (Type 550)
30 g Maismehl
120 g Zucker, 1 Prise Salz
1 Eigelb, 100 g weiche Butter
abgeriebene Schale von ½ unbehandelten Zitrone

FÜR DIE FÜLLUNG

75 ml Milch
100 g Zucker
1 Prise Salz
1 P. Vanillezucker
80 g Butter
175 g gemahlener Mohn
1 El Rum
50 g Sultaninen
1 Ei, 1 Eigelb

AUSSERDEM

Puderzucker zum Bestreuen
Mehl für die Arbeitsfläche

Zubereitungszeit

ca. 40 Minuten (plus Zeit zum Gehen und Backen)
Pro Scheibe ca. 174 kcal/728 kJ
5 g E, 8 g F, 20 g KH

1. Milch erwärmen, Hefe zerbröckeln und in der lauwarmen Milch auflösen. Beide Mehlsorten, Zucker und Salz in einer Schüssel vermischen. Die Hefemilch, das Eigelb und die Butter mit der Zitronenschale hinzugeben und mit den Knethaken des Handrührgeräts zügig untermischen. Anschließend mit bemehlten Händen weiterkneten, bis ein geschmeidiger Teig entsteht. Die Schüssel mit einem feuchten Küchentuch abdecken und den Teig an einem warmen Ort ca. 1 Stunde gehen lassen, bis sich sein Volumen verdoppelt hat.

2. Für die Füllung die Milch mit Zucker, Salz, Vanillezucker und Butter aufkochen. Den Mohn damit übergießen und etwas quellen lassen. Den Rum und die Sultaninen untermischen. Die Masse abkühlen lassen, dann Ei und Eigelb unterziehen.

3. Die Backform mit Backpapier auslegen. Den Hefeteig auf einer bemehlten Arbeitsfläche noch einmal kräftig durchkneten und ca. 30 x 50 cm groß ausrollen. Die Teigplatte mit der Füllung bestreichen. Die Teigplatte quer in 7 Streifen schneiden (ca. 30 x 7 cm). Die Teigstreifen mit der Füllung nach oben in 2 Stapeln übereinanderlegen. Diese Stapel jeweils quer in 4 Stücke schneiden (ca. 7,5 x 7 cm). Die Kastenform hochkant an die Wand lehnen und die einzelnen Stapel mit der Füllung nach oben in die Kastenform setzen. Wenn sie gefüllt ist, wieder gerade hinstellen und mit einem feuchten Küchentuch abdecken. Den Teig weitere 30 Minuten gehen lassen. Den Backofen auf 180 °C vorheizen.

4. Auf der mittleren Schiene ca. 45 Minuten backen. Anschließend kurz in der Form ruhen lassen, dann aus der Form heben, abkühlen lassen. Vor dem Servieren mit Puderzucker bestreuen.

HONIG-PULL-APART-BREAD

mit Butterstreuseln

FÜR CA. 28 SCHEIBEN (KASTENFORM 30 CM)

FÜR DEN TEIG

200 ml Milch
1 Würfel Hefe (42 g)
200 g Weizenmehl (Type 405)
200 g Dinkelmehl (Type 630)
60 g Zucker
½ Tl gemahlener Anis
1 Prise Salz
1 Ei
100 g weiche Butter

FÜR DIE FÜLLUNG

150 g Butter
50 ml Sahne
1 Vanilleschote
125 g Honig
100 g gehackte Mandeln

FÜR DIE STREUSEL

150 g Mehl (Type 405)
120 g Butter
100 g Zucker
5 Tropfen Butter-Vanille-Aroma
1 Prise Salz

AUSSERDEM

Mehl für die Arbeitsfläche
Puderzucker zum Bestreuen

1. Milch erwärmen, Hefe zerbröckeln und in der lauwarmen Milch auflösen. Beide Mehlsorten, Zucker, Anis und Salz in einer Schüssel vermischen. Hefemilch, Ei und Butter mit den Knethaken des Handrührgeräts zügig untermischen. Anschließend mit den Händen weiterkneten, bis ein geschmeidiger Teig entsteht (falls der Teig klebt, etwas mehr Mehl hinzugeben). Die Schüssel mit einem feuchten Küchentuch abdecken und den Teig an einem warmen Ort ca. 1 Stunde gehen lassen, bis sich sein Volumen verdoppelt hat.

2. Für die Füllung Butter und Sahne in einem Topf erhitzen, die Vanilleschote der Länge nach aufschneiden, das Mark herauskratzen und mit der Schote in die Buttermischung geben. Etwas köcheln lassen, anschließend 75 g Honig darin auflösen. Zum Schluss die Vanilleschote entfernen, die Mandeln ebenfalls unterrühren und alles etwas abkühlen lassen.

3. Die Backform mit Backpapier auslegen. Den Hefeteig auf einer bemehlten Arbeitsfläche noch einmal kräftig durchkneten und ca. 30 x 50 cm groß ausrollen. Die Teigplatte mit der Füllung bestreichen. Die Teigplatte quer in 7 Streifen schneiden (ca. 30 x 7 cm). Die Teigstreifen mit der Füllung nach oben in 2 Stapeln übereinanderlegen. Diese Stapel jeweils quer in 4 Stücke schneiden (ca. 7,5 x 7 cm). Die Kastenform hochkant an die Wand lehnen und die einzelnen Stapel mit der Füllung nach oben in die Kastenform setzen. Wenn sie gefüllt ist, wieder gerade hinstellen und den restlichen Honig darüberträufeln. Mit einem feuchten Küchentuch abdecken. Den Teig weitere 30 Minuten gehen lassen. Den Backofen auf 180 °C vorheizen.

4 Zutaten für die Streusel mit den Knethaken des Handrührgeräts zügig vermischen und die Streusel gleichmäßig auf das Pull-apart-Bread streuen.

5 Auf der mittleren Schiene ca. 45 Minuten backen. Anschließend kurz in der Form ruhen und etwas abkühlen lassen. Aus der Form heben, mit etwas Puderzucker bestreuen und am besten lauwarm genießen.

Zubereitungszeit
ca. 50 Minuten (plus Zeit zum Gehen, Abkühlen und Backen)
Pro Scheibe ca. 236 kcal/990 kJ
4 g E, 14 g F, 24 g KH

MONKEY BREAD

mit Marzipan-Cranberry-Füllung

FÜR CA. 36 STÜCKE (KASTENFORM 30 CM)

FÜR DEN TEIG

300 g Weizenmehl (Type 550)
200 g Weizenmehl (Type 1050)
100 g Zucker
1 Prise Salz
120 ml Sahne
50 g Butter
30 g Hefe
2 El Sonnenblumenöl
5 Tropfen Bittermandelaroma
100 ml Mineralwasser

FÜR DIE FÜLLUNG

75 g getrocknete Cranberrys
50 g gemahlene Mandeln
100 g Marzipanrohmasse
50 g weiche Butter
40 g Puderzucker
2 Eier
20 g Mehl
1 El Vanillepuddingpulver

AUSSERDEM

Mehl für die Arbeitsfläche
70 g Butter
2 El brauner Zucker
1 P. Vanillezucker

1. Beide Mehlsorten, Zucker und Salz in einer Schüssel vermischen. Die Sahne zusammen mit der Butter erwärmen, die Hefe zerbröckeln und darin auflösen. Die Hefesahne mit Öl, Bittermandelöl und Mineralwasser mit den Knethaken des Handrührgeräts zügig unter die Mehlmischung rühren. Anschließend mit bemehlten Händen weiterkneten, bis ein geschmeidiger Teig entsteht. Die Schüssel mit einem feuchten Küchentuch abdecken und den Teig an einem warmen Ort mindestens 1 Stunde gehen lassen, bis sich sein Volumen verdoppelt hat.

2. Für die Füllung die Cranberrys fein hacken. Die Mandeln in einer Pfanne ohne Fett goldbraun rösten und dann abkühlen lassen. Das Marzipan hacken und zusammen mit der Butter und dem Puderzucker mit dem Handrührgerät cremig quirlen. Die Eier nach und nach dazugeben und unterrühren. Mehl, Puddingpulver und Mandeln dazugeben und alles gut vermischen. Zum Schluss die Cranberrys untermischen.

3. Die Backform mit Backpapier auslegen. Den Hefeteig auf einer bemehlten Arbeitsfläche noch einmal kräftig durchkneten und ca. 60 x 60 cm groß ausrollen. Die Teigplatte in 6 Streifen schneiden und die Streifen in 6 Stücke unterteilen. Auf jedes dieser Teigstücke 1 Esslöffel der Füllung geben. Mit dem Teig umhüllen und zu Kugeln formen.

4. Die Butter schmelzen und auf einen Suppenteller geben. Den Zucker mit dem Vanillezucker auf einem zweiten Teller vermischen. Anschließend die Teigkugeln zuerst in der Butter, dann in der Zuckermischung wenden und nach und nach in der Form stapeln, nicht andrücken, damit die Kugeln möglichst ihre Form behalten. Mit einem feuchten Küchentuch abdecken und weitere 30 Minuten ruhen lassen. Den Backofen auf 180 °C vorheizen.

5 Das Monkey Bread auf der mittleren Schiene des vorgeheizten Backofens ca. 45 Minuten backen. Anschließend kurz in der Form ruhen lassen, dann herausheben, etwas abkühlen lassen und am besten lauwarm genießen.

Zubereitungszeit
ca. 40 Minuten (plus Zeit zum Gehen und Backen)
Pro Stück ca. 140 kcal/586 kJ
3 g E, 6 g F, 17 g KH

KOKOS-PULL-APART-BREAD

mit weißer Schokolade

FÜR CA. 49 SCHEIBEN (KRANZFORM 22 CM Ø)

FÜR DEN TEIG

470 g Weizenmehl (Type 405)
100 g Zucker
1 Prise Salz
50 g Kokosraspel
150 ml Kokosmilch
1 Würfel Hefe (42 g)
1 Ei
80 g weiche Butter

FÜR DIE FÜLLUNG

120 g Kokosöl
70 g Zucker
200 g Kokosraspel
150 g geraspelte weiße Schokolade
1–2 El Kokoslikör

AUSSERDEM

Butter fur die Form
Mehl für die Arbeitsfläche
80 g weiße Kuvertüre
2 El Kokosöl
3 El Kokosraspel

Zubereitungszeit
ca. 30 Minuten (plus Zeit zum Gehen und Backen)
Pro Scheibe ca. 153 kcal/639 kJ
2 g E, 9 g F, 14 g KH

1. Mehl, Zucker, Salz und Kokosraspel in einer Schüssel vermischen. Kokosmilch zusammen mit 30 ml Wasser leicht erwärmen, Hefe zerbröckeln und darin auflösen. Die Hefemilch zusammen mit Ei und Butter mit den Knethaken des Handrührgeräts zügig mit dem Mehl vermischen. Anschließend mit bemehlten Händen weiterkneten, bis ein geschmeidiger Teig entsteht. Die Schüssel mit einem feuchten Küchentuch abdecken und den Teig an einem warmen Ort ca. 1 Stunde gehen lassen, bis sich sein Volumen verdoppelt hat.

2. Für die Füllung alle Zutaten gut vermischen. Die Backform mit Butter einfetten. Den Teig auf einer bemehlten Arbeitsfläche noch einmal kurz durchkneten und zu einem Rechteck von etwa 50 x 50 cm ausrollen. Den Teig gleichmäßig mit der Füllung bestreichen. Die Teigplatte anschließend in ca. 7 x 7 cm große Quadrate schneiden und die Teigstücke mit der Füllung nach oben aufeinanderstapeln. Portionsweise gleichmäßig hochkant in die Kranzform setzen. Mit einem feuchten Küchentuch abdecken und weitere 30 Minuten ruhen lassen. Den Backofen auf 180 °C vorheizen.

3. Auf der mittleren Schiene ca. 45 Minuten backen. Anschließend kurz in der Form ruhen lassen, dann aus der Form stürzen und wieder umdrehen. Die Schokolade mit dem Kokosöl in einem Topf schmelzen und glatt rühren. Die Glasur auf die Kuchenoberfläche streichen und die Kokosraspel darüberstreuen. Etwas abkühlen lassen und genießen.

FINGERBROT

mit Puddingcreme und Kirschen

FÜR CA. 55 STÜCKE (SPRINGFORM 22 CM Ø)

FÜR DEN TEIG

500 g Weizenmehl (Type 405)
150 ml Milch
120 g Zucker
1 Würfel Hefe (42 g)
75 g Butter
50 g Quark
1 Ei
1 Prise Salz

FÜR DIE FÜLLUNG

1 P. backfeste Vanille-Puddingcreme
200 ml Milch
50 ml Sahne
200 g Kirschen

AUSSERDEM

Butter für die Form
Mehl für die Arbeitsfläche
100 g Butter
5 El Puderzucker
1 El Kirschsaft

1. Das Mehl in eine Schüssel geben und in die Mitte eine Mulde drücken. Die Milch erwärmen, 5 Esslöffel lauwarme Milch und 1 Teelöffel Zucker in ein Schälchen geben, die Hefe hineinbröckeln und glatt rühren. Die Hefemilch in die Mulde gießen und ein wenig Mehl von Rand darunterrühren. Mit einem Geschirrtuch abdecken und an einem warmen Ort ca. 15 Minuten ruhen lassen.

2. Anschließend die Butter in einem Topf schmelzen und zusammen mit restlicher Milch, restlichem Zucker, Quark, Ei und dem Salz zur Mehlmischung geben. Mit den Knethaken des Handrührgerätes zu einem glatten Teig verarbeiten. Mit einem feuchten Tuch abdecken und den Teig an einem warmen Ort ca. 1 Stunde gehen lassen, bis sich sein Volumen verdoppelt hat.

3. Für die Füllung die Puddingcreme nach Packungsanleitung mit Milch und Sahne verrühren. Die Kirschen waschen, trocknen, entsteinen und in kleine Stücke schneiden.

4. Die Backform mit Butter einfetten. Den Hefeteig auf einer bemehlten Arbeitsfläche noch einmal kräftig durchkneten und zu einem Rechteck von etwa 60 x 28 cm ausrollen. Die Teigplatte zunächst mit der Puddingcreme bestreichen, dann die Kirschen gleichmäßig darauf verteilen. Anschließend einmal der Länge nach durchschneiden. Die zwei Hälften jeweils in 14 cm lange und ca. 2,5 cm breite Streifen schneiden und diese zusammenklappen (7 x 2,5 cm). Den Backofen auf 180 °C vorheizen.

5. Die Butter schmelzen, auf einen Suppenteller geben und die Röllchen darin wenden. Mit der offenen Seite nach unten nebeneinander in die Form setzen. Mit einem feuchten Küchentuch abdecken und weitere 45 Minuten ruhen lassen.

6 Auf der mittleren Schiene ca. 45 Minuten backen. Anschließend kurz in der Form ruhen lassen, dann aus der Form lösen und vollständig abkühlen lassen. Den Puderzucker mit dem Kirschsaft verrühren und den Fingerkuchen mit rosa Tupfen verzieren. Trocknen lassen und genießen.

Zubereitungszeit
ca. 40 Minuten (plus Zeit zum Gehen und Backen)
Pro Stück ca. 78 kcal/326 kJ
2 g E, 3 g F, 11 g KH

SCHNECKENBROT

mit Blaubeeren und Vanille

FÜR CA. 12 STÜCKE (SPRINGFORM 26 CM Ø)

FÜR DEN TEIG

200 ml Milch
½ Vanilleschote
1 Msp. Kardamom
1 Würfel Hefe (42 g)
500 g Weizenmehl (Type 550)
100 g Zucker
1 Prise Salz
1 Ei
80 g weiche Butter

FÜR DIE FÜLLUNG

200 ml Milch
25 g Butter
½ Vanilleschote
20 g Speisestärke
1 Ei
100 g Magerquark
1 Prise Salz
120 g Zucker
125 g Blaubeeren

AUSSERDEM

Butter für die Form
Mehl für die Arbeitsfläche
75 g Butter zum Bepinseln
3 El Hagelzucker zum Bestreuen

1. Die Milch erhitzen. Die Vanilleschote der Länge nach aufschneiden, das Mark mit einem Messer herauskratzen und zusammen mit der Vanilleschote und dem Kardamom in die Milch geben. Aufkochen, dann wieder auf Handwärme herunterkühlen lassen und die Vanilleschote entfernen. Hefe zerbröckeln und in der lauwarmen Gewürzmilch auflösen.

2. Mehl, Zucker und Salz in einer Schüssel vermischen. Hefemilch, Ei und Butter mit den Knethaken des Handrührgeräts zügig untermischen. Anschließend mit bemehlten Händen weiterkneten, bis ein geschmeidiger Teig entsteht. Die Schüssel mit einem feuchten Küchentuch abdecken und den Teig an einem warmen Ort ca. 1 Stunde gehen lassen, bis sich sein Volumen verdoppelt hat.

3. Für die Füllung die Milch, bis auf 5 Esslöffel, mit der Butter in einem Topf erhitzen. Die Vanilleschote der Länge nach aufschneiden, das Mark herauskratzen und zusammen mit der Schote in die Milchmischung geben. Aufkochen, dann die Schote entfernen. Die Speisestärke mit den 5 Esslöffeln kalter Milch verrühren, unter die kochende Milch rühren und einmal unter Rühren aufwallen lassen. Unter Rühren leicht abkühlen lassen.

4. Das Ei trennen und das Eigelb und den Quark mit dem Handrührgerät verquirlen, dann in den Pudding rühren und alles abkühlen lassen. Das Eiweiß mit dem Salz halb steif schlagen. Nach und nach den Zucker einrieseln lassen und so lange schlagen, bis der Zucker sich gelöst hat und der Eischnee fest ist. Eischnee unter die Quarkmasse heben und zum Schluss die gewaschenen und trocken getupften Blaubeeren vorsichtig unterheben.

5 Die Springform mit Butter einfetten. Den Hefeteig kräftig durchkneten, dann auf einer bemehlten Arbeitsfläche ca. 36 x 50 cm groß ausrollen. Die Teigplatte mit der Creme bestreichen. Von der schmalen Seite aufrollen, sodass eine 36 cm lange Rolle entsteht. Diese in ca. 3 cm dicke Scheiben schneiden.

6 Die Butter zum Bepinseln zerlassen. Die Schnecken rundum damit bepinseln, dann nebeneinander in der Springform verteilen, mit Hagelzucker bestreuen und abgedeckt an einem warmen Ort ca. 30 Minuten gehen lassen. Währenddessen den Backofen auf 180 °C vorheizen. Auf der mittleren Schiene ca. 45 Minuten backen. Herausnehmen, aus der Form lösen und am besten lauwarm genießen.

Zubereitungszeit
ca. 45 Minuten (plus Zeit zum Abkühlen, Gehen und Backen)
Pro Stück ca. 372 kcal/1555 kJ
9 g E, 13 g F, 54 g KH

PULL-APART-BREAD

mit Karamell und Krokant

FÜR CA. 28 SCHEIBEN (KASTENFORM 30 CM)

FÜR DEN TEIG

400 g Weizenmehl (Type 450)
125 ml Milch
60 g brauner Zucker
25 g Hefe
60 g Butter
1 Prise Salz
1 Ei

FÜR DIE FÜLLUNG

150 g sehr weiche Butter
2 El Mandelcreme
120 g Puderzucker

FÜR DIE KARAMELLSAUCE

200 g Zucker
125 ml Sahne
3 Tl Butter
4 El Krokant

AUSSERDEM

3 El Sahne zum Bestreichen
2 El Krokant zum Bestreuen
Mehl für die Arbeitsfläche
Butter für die Form

1. Das Mehl in eine Schüssel sieben und in die Mitte eine Mulde drücken. Die Milch erwärmen, 5 Esslöffel lauwarme Milch in ein Schälchen geben, 1 Teelöffel Zucker dazugeben und die Hefe hineinbröckeln. Glatt rühren und die Hefemilch in die Mulde gießen. Ein wenig Mehl von Rand darunterrühren, mit einem Geschirrtuch abdecken und an einem warmen Ort ca. 15 Minuten gehen lassen.

2. Anschließend die Butter in einem Topf zerlassen und mit restlicher Milch, restlichem Zucker, Salz und dem Ei zur Mehlmischung geben. Mit den Knethaken des Handrührgerätes zu einem glatten Teig verarbeiten. Anschließend mit einem feuchten Tuch abdecken und den Teig an einem warmen Ort ca. 1 Stunde gehen lassen, bis sich sein Volumen verdoppelt hat.

3. Für die Füllung Butter, Mandelcreme und den Puderzucker cremig rühren. Für die Karamellsauce den Zucker mit 50 ml Wasser in einem Topf erhitzen und bei mittlerer Hitze goldgelb karamellisieren lassen. Karamell mit der Sahne ablöschen (Spritzgefahr!) und weiterköcheln lassen, bis sich die erstarrte Masse aufgelöst hat. Die Butter dazugeben und alles glatt rühren. Dann lauwarm abkühlen lassen.

4. Die Backform mit Backpapier auslegen. Den Hefeteig kräftig durchkneten, dann auf einer bemehlten Arbeitsfläche ca. 30 x 50 cm groß ausrollen. Die Creme gleichmäßig draufstreichen, die Hälfte des Karamells mit einem Löffel kreuz und quer über die Teigplatte ziehen. Zum Schluss mit dem Krokant bestreuen.

5 Die Teigplatte quer in 7 Streifen schneiden (ca. 30 x 7 cm). Die Teigstreifen mit der Füllung nach oben in zwei Stapeln übereinanderlegen. Diese Stapel jeweils quer in 4 Stücke schneiden (ca. 7,5 x 7 cm) und die Teigstücke hochkant in die Kastenform stellen. Mit einem feuchten Küchentuch abdecken und weitere 30 Minuten ruhen lassen. Den Backofen auf 180 °C vorheizen.

6 Die Oberfläche mit der Sahne bestreichen und auf der mittleren Schiene ca. 45 Minuten backen. Anschließend kurz in der Form ruhen lassen, dann aus der Form stürzen, wieder umdrehen und etwas abkühlen lassen. Zum Schluss den Teig mit Karamellstreifen verzieren. Falls die Karamellsauce inzwischen bereits zu fest geworden ist, noch einmal ein wenig erwärmen, etwas Krokant darüberstreuen und lauwarm servieren.

Zubereitungszeit
ca. 40 Minuten (plus Zeit zum Gehen und Backen)
Pro Stück ca. 183 kcal/767 kJ
3 g E, 8 g F, 27 g KH

PULL-APART-BREAD

mit Orangenmarmelade und Schokolade

FÜR CA. 28 SCHEIBEN (KASTENFORM 30 CM)

FÜR DEN TEIG

180 ml Milch
1 Würfel Hefe (42 g)
500 g Mehl (Type 550)
2 El Kakaopulver
100 g brauner Zucker
1 Msp. Salz
1 Ei
2 El Sonnenblumenöl
50 g weiche Butter

FÜR DIE FÜLLUNG

125 g weiche Butter
150 g geraspelte Zartbitterschokolade
70 g Orangenmarmelade

AUSSERDEM

Mehl für die Arbeitsfläche
Puderzucker zum Bestreuen

Zubereitungszeit
ca. 35 Minuten (plus Zeit zum Gehen und Backen)
Pro Scheibe ca. 169 kcal/7070 kJ
3 g E, 7 g F, 22 g KH

1 Milch leicht erwärmen, Hefe zerbröckeln und in der lauwarmen Milch auflösen. Mehl, Kakaopulver, Zucker und Salz in einer Schüssel vermischen. Hefemilch, Ei, Öl und die Butter mit den Knethaken des Handrührgeräts zügig untermischen. Anschließend mit bemehlten Händen weiterkneten, bis ein geschmeidiger Teig entsteht. Die Schüssel mit einem feuchten Küchentuch abdecken und den Teig an einem warmen Ort ca. 1 Stunde gehen lassen, bis sich sein Volumen verdoppelt hat.

2 Die Backform mit Backpapier auslegen. Den Hefeteig auf einer bemehlten Arbeitsfläche noch einmal kräftig durchkneten und ca. 30 x 50 cm groß ausrollen. Die Butter in einem Topf zerlassen, leicht abkühlen lassen und die Teigplatte mit der Butter bestreichen. Anschließend die geraspelte Schokolade gleichmäßig darüberstreuen und die Orangenmarmelade in regelmäßigen Tupfen darauf verteilen.

3 Die Teigplatte quer in 7 Streifen schneiden (ca. 30 x 7 cm). Die Teigstreifen mit der Füllung nach oben in 2 Stapeln übereinanderlegen. Diese Stapel jeweils quer in 4 Stücke schneiden (ca. 7,5 x 7 cm). Die Kastenform hochkant an die Wand lehnen und die Teigstücke mit der Füllung nach oben aufeinanderstapeln und in die Kastenform setzen. Wenn sie gefüllt ist, wieder gerade hinstellen. Mit einem feuchten Küchentuch abdecken und weitere 30 Minuten gehen lassen. Den Backofen auf 180 °C vorheizen.

4 Auf der mittleren Schiene ca. 45 Minuten backen. Anschließend kurz in der Form ruhen lassen, dann aus der Form heben und etwas abkühlen lassen. Mit Puderzucker bestäuben und am besten lauwarm genießen.

NUSS-NOUGAT-BLUME

mit gehackten Haselnüssen

FÜR CA. 9 STÜCKE (26 CM Ø)

FÜR DEN TEIG
200 ml Milch
30 g Hefe
125 g weiche Butter
500 g Weizenmehl (Type 550)
60 g Zucker
1 Prise Salz
1 Ei

FÜR DIE FÜLLUNG
75 g gehackte Haselnüsse
450 g Nuss-Nougat-Creme

AUSSERDEM
Mehl für die Arbeitsfläche
1 Eigelb
2 El Sahne

1. Milch erwärmen, Hefe zerbröckeln und in der Hälfte der lauwarmen Milch auflösen. Die Butter in der anderen Milchhälfte zerlassen. Mehl, Zucker und Salz in einer Schüssel vermischen, dann die Hefemilch, das Ei und die lauwarme Milch-Butter-Mischung hinzugeben. Mit den Knethaken des Handrührgeräts untermischen. Anschließend mit bemehlten Händen weiterkneten, bis ein geschmeidiger Teig entsteht. Die Schüssel mit einem feuchten Küchentuch abdecken. Den Teig an einem warmen Ort ca. 1 Stunde gehen lassen, bis sich sein Volumen verdoppelt hat.

2. Für die Füllung die gehackten Haselnüsse in einer Pfanne goldgelb rösten, dann vom Herd nehmen und abkühlen lassen. Den Backofen auf 180 °C vorheizen. Die Nuss-Nougat-Creme gegebenenfalls leicht erwärmen, sodass sie gut streichfähig, aber auf keinen Fall zu flüssig ist.

3. Den Teig nochmals gut durchkneten und in 4 gleich große Stücke teilen. Jedes der Stücke zu einer Kugel formen, dann etwas größer als 26 cm Ø ausrollen. Einen 26er-Springformrand auflegen und mit einem scharfen Messer rundum die überstehenden Teigreste abschneiden.

4. 3 der Teigkreise mit jeweils 150 g Nuss-Nougat-Creme bestreichen (dabei rundum einen ca. 1cm breiten Rand frei lassen) und mit 25 g der gehackten Haselnüsse bestreuen. Auf ein mit Backpapier ausgelegtes Backblech mit der Füllung nach oben übereinanderlegen und mit dem unbestrichenen Teigkreis abschließen.

5. Ein Glas (ca. 5 cm Ø) mittig kopfüber auf den Teig legen und leicht festdrücken (bildet das Blumeninnere), dann entfernen. 16 gleich große Stücke von der Glasrandmarkierung zum Rand hin schneiden. Nun die Blume formen: dafür jeweils 2 nebeneinanderliegende Stücke greifen und zweimal um die eigene Achse nach außen hin drehen (also das rechte

Zubereitungszeit
ca. 45 Minuten (plus Zeit zum Gehen, Abkühlen und Backen)
Pro Stück ca. 610 kcal/2555 kJ
12 g E, 32 g F, 68 g KH

Stück im Uhrzeigersinn, das linke entgegen des Uhrzeigersinns). Auf diese Weise mit allen Stücken verfahren, sodass am Ende 8 Blütenblätter entstehen. Zum Schluss die äußeren Ecken der Blütenblätter unterhalb des Blattes zusammenführen und festdrücken, dann die obere mittlere Spitze nach innen drücken und jedes Blatt nach außen hin spitz zulaufen lassen. Mit einem Küchentuch bedeckt ca. 30 Minuten gehen lassen.

6 Nun das Eigelb mit der Sahne verquirlen und die Blüte damit bepinseln. Auf der mittleren Schiene im Ofen ca. 35 Minuten backen. Herausnehmen, etwas abkühlen lassen und am besten lauwarm genießen.

TIPP: Sie können die Blüte auch mit einer Haselnussmasse oder einer Mohnmasse bestreichen. Für eine herzhafte Variante lassen Sie einfach den Zucker im Teig weg und bestreichen die Blume mit rotem oder grünem Pesto.

REZEPTVERZEICHNIS

B

Bärlauchbutter-Zupfbrot mit Pinienkernen und Gouda 65

Blue-Cheese-Zupfbrot mit Pflaumenwürfeln 66

C

Ciabattazupfbrot mit Kapern, Sardellen und Mozzarella 59

F

Faltenbrot mit Chili-Käse-Belag 18

Faltenbrot mit Kakao-Dattel-Paste 87

Fingerbrot mit Feta, Oliven, Zwiebeln und Peperoni, griechisches 48

Fingerbrot mit Frischkäse und gebratenen Speckwürfeln 28

Fingerbrot mit Haselnüssen und Honig 84

Fingerbrot mit Puddingcreme und Kirschen 100

Fingerbrot mit Schwarzwälder Schinken, Bergkäse und Petersilie 20

G

Graham-Monkey-Bread mit Blauschimmelkäse und Birnenstückchen 46

H

Honig-Pull-apart-Bread mit Butterstreuseln 94

K

Kokos-Pull-apart-Bread mit weißer Schokolade 99

M

Monkey Bread Caprese mit frischen Tomaten, Mozzarella und Basilikum 27

Monkey Bread mit Aprikosen-Nuss-Kern 82

Monkey Bread mit getrockneten Tomaten und Parmesan 30

Monkey Bread mit Hackbällchenfüllung und getrockneten Pflaumen 16
Monkey Bread mit Marzipan-Cranberry-Füllung 96
Monkey Bread mit Salsiccia-Bällchen 42

N

Nuss-Nougat-Blume mit gehackten Haselnüssen 108

O

Obazda-Ährenbrot mit Camembert, Paprika und Kümmel 52

P

Pesto-Nero-Zupfbrot mit Mozzarella 68
Pesto-Rose mit Basilikum-Pinienkern-Pesto 32
Pull-apart-Bread mit 4 verschiedenen Käsesorten 40
Pull-apart-Bread mit grünem Spargel, Pinienkernen und Pancetta 44
Pull-apart-Bread mit Kapernbutter und Pinienkernen 50
Pull-apart-Bread mit Karamell und Krokant 104
Pull-apart-Bread mit Knoblauchbutter und Petersilie 12
Pull-apart-Bread mit Mohnfüllung 92

Pull-apart-Bread mit Orangenmarmelade
und Schokolade 106
Pull-apart-Bread mit Salami, Peperoni,
Tomatensugo und Käse 14
Pull-apart-Bread mit Schnittlauch-Walnuss-Pesto........38
Pull-apart-Bread mit Sonnenblumenkernen,
Bärlauchbutter und Parmesan 24
Pull-apart-Bread mit Zimt und Zucker 80
Pull-apart-Bread mit Zitronenbutter 88

R

Roggenzupfbrot mit Frühlingszwiebeln,
Petersilie und Greyerzer 57

S

Salami-Zupfbrot mit Parmesan und Petersilie 62
Schinken-Zupfbrot mit Petersilie und Bergkäse 70
Schneckenbrot mit Blaubeeren und Vanille...............102
Schneckenbrot mit Tomaten, Oregano
und Sardellen, herzhaftes 22
Schneckenbrot mit Tomatensugo, Lammhack
und Schafskäse 36
Schnecken mit Rosmarin, Knoblauch,
Olivenöl und Ricotta, herzhafte..............................35
Schnittlauch-Zupfbrot mit Butterkäse 60
Sonnenblumenkern-Zupfbrot mit Pistou
und Ziegenkäse..74

T

Tomaten-Zupfbrot mit Pinienkernen
und Provolone dolce 73

W

Weihnachts-Pull-apart-Bread mit kandierten
Früchten..90

Z

Zupfbrot mit Camembert- und Preiselbeerfüllung 76